張瑜良

——

著

U0023445

DIALOGUES
WITH
HOUSE

家的對話
好宅設計
美好居家滿分提案

質感格局×完美氣場×風格選物的幸福論

# CONTENTS

PART 4
CASE 設計人生

空間與人生的翻轉案例

安家而能立業，讓人生家居更美好的答案，
就在設計的細節。

Appendix

附錄

心動時刻的「好家主張」，打造一處讓自己也讓家人心動
的居所，一起動身回家！

附錄一　出發回家：14 天美好家居滿分提案
心動時刻的「好家主張」，打造一處讓自己也讓家人心動
的居所，一起動身回家！

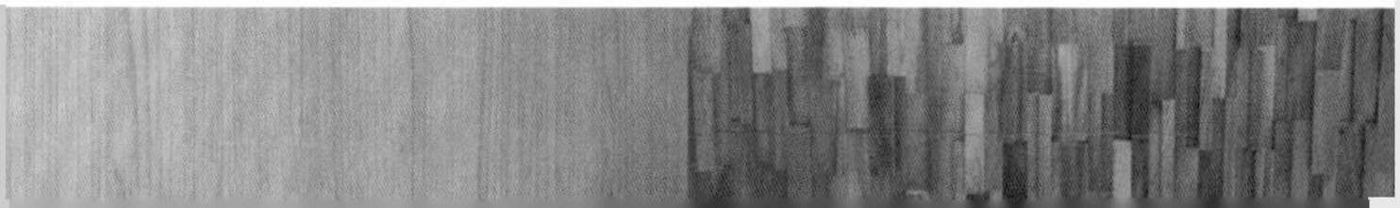

## 🏠 好宅，心靈空間的改造工程

當接到設計總監的請託，為他即將出版的新書寫序，自覺並非一件簡單容易的事。

「瑜良兄為何要出書？」除了寫書本身就是自我挑戰，需要花耗時間與精神，外加智慧與腦力的馬拉松，忙碌的他如何兼顧家庭、工作和其他？經詢問後才知瑜良兄始終保有赤子之心，身為一名安心好宅創造者的他，希望傳達出人和空間的情感交流，讓人愛上回家。

正如書中所言：「一間不說話的房子，最能呈現主人的生活樣貌。空間的延伸，正是巨大的提醒：做你想做的夢吧，去你想去的地方吧，成為你想成為的人吧。這一切，無非都是為了讓生活過得更好！」我應給予肯定與鼓勵。

但是為何找小弟來寫序，他認為，我是他要好的兄弟，而且懂建築、懂都市更新，又是他在國際獅子會的前輩與講師等事由，聽起來似乎名正言順，雖經懇辭卻經不起瑜良兄的百般請託，只能恭敬從命的起筆。

古諺：「你的知識如果不為人們所知，那就不成為知識。」也就是說，知識如果不能成為社會可行可用，那也就淪為個人的一絲念頭罷了。

有鑑於此，瑜良兄有意將畢生所學化為可用的作品——《家的對話：好宅設計，美好居家滿分提案》，藉以傳承一輩子的陽宅與室內設計志業，更希望此書提供有幸結緣的讀者，立即懂得居家裝潢改造的要領、訣竅與重點。

本書列舉各式居家空間規劃，同時精選九大案例，在寸土寸金的空間建案中，運用周延的設計概念，化解各種風水疑難雜症，既不花大錢，又保有空間美學，甚至翻轉人生劇本。

想要打造理想的滿分居所，跟著瑜良兄的心靈空間改造工程，相信您也能入住安心好宅，與幸福相伴。

郭德宗 舜威都市開發都更規劃師

# 名人愛家推薦語

🏠 義公習禪寂,結宇依空林。

戶外一峰秀,階前眾壑深。

夕陽連雨足,空翠落庭陰。

看取蓮花淨,方知不染心。——孟浩然〈題義公禪房〉

現代都市工商生活,緊張、忙碌、冷漠是人們的寫照。若是能在都市叢林中,營造以現代生活為主並增添人文素養的雅宅,提供家人休憩、放鬆的空間,享受在好宅第、雅居室的幽趣情境,徜徉在怡情養性讓生命有所安頓的氛圍中,將是人生莫大的幸福。

因此,營造出清空靈雋意境的居家空間,是現代人最嚮往期盼追求的環境。張瑜良空間設計大師在業界用心經營20餘載,運用風水與美學,用心打造素樸簡約、單純淨潔的空間,讓主人在忙碌之餘,能充分滋養心氣,也能滿足現代人「居家休閒、養生渡假」的夢想。

戴美玉 「焰舞」柴燒陶藝創作家

🏠 舒適的居家設計讓室內充滿情感,聚氣的風水使空間承載能量,衷心的推薦《家的對話:好宅設計,美好居家滿分提案》,引領您走進美好,收藏幸福。

吳秋賢 財團法人麗寶文化藝術基金會執行長

🏠 先睹大作,實是獲益,甚是感動,真是解惑,家是親情,是回憶的紀錄,《家的對話》從光、色、質、美、形營造出宜、適、安,居的藝術,值得推薦。

吳錦川 中華書法家協會書法家

好的家居，呈現人和空間的情感交流，身心靈與物件的安頓關係。

室內設計師可以是安心好宅創造者。

當房子外觀被架築起來，美好故事的後續，才正要開始⋯⋯

旋室轉身，走進幸福好居

### 行走坐臥，擘劃人生居所

有人說，建築師是從無到有、毫無框架的創造者，我認為，室內設計師具備一種打破框架的技藝，立基於天、地、牆三者，重新擘劃起居空間、翻轉五感六覺體驗，除了追求天馬行空的創意表現，更需要行雲流水的溝通和協調本領。

自此，一棟「建築物」才成了有溫度的「家」。

「我的房屋進行裝修，對於空間枝微末節的要求，難道錯了嗎？」

過去和客戶溝通設計理念時，業主經常會陷於設計和陽宅風水相互牴觸，甚至提出「陽宅堪輿」、「風水地理」之事理印證，而使裝修配置一再更動或動彈不得。

尤其近幾年，屋主的擔心和所顧慮的問題更是五花八門，可說牽一髮動全局，有時真讓人丈二金剛摸不著頭緒。

然而，屋主的問題正好提醒了我，成就幸福好居，不可或缺那份同理心。

畢竟，除了辦公室，住家仍是人們安居休憩的所在。

美好生活，
就在家屋的行走坐臥間，
得以成立。

　　一名好的設計師，除了像科學家般精密測量方位動線、規劃評估格局裝修之外，還要有藝術家的敏銳細膩，藉由化腐朽為驚嘆的匠心獨運，由點、連線，而進展到全面的配置過程，同時注入溫暖安穩「家的氣韻」，完美點綴想像中的桃花源，讓居住者順著入口的發光處導引，走進人生的真實理想境地。

　　住得舒適，睡得安穩，食得愜意，美好生活就在家屋的行走坐臥間，得以成立。

### 設計出身，後天陽宅學背景

　　「陽宅老師說形煞：鏡子不宜、無靠不行、對門有凶、穿堂破財，如何能解？」

　　儘管有時心理遠大於生理作用，人們聽到格局有煞氣，想要置之不理卻無法不當一回事，無法靜心的結果，健康和運勢多少都會受到影響。

　　因此，當陽宅老師提出問題，若能用科學角度進行設計上的修飾、改善或化解陽宅缺失，可以減少屋主的金錢花費與精神耗費。

　　「好的老師帶您進殿堂，省卻盲目摸索的波折！」

　　正統美術設計科班，建築室內設計名校——復興美工畢業，因緣天時機運精研下，又集後天陽宅學背景，如今的我執業迄今已逾十五年，作品多次在市場上獲肯定，規劃過熱銷建業的接待中心、樣品屋、實品屋、豪宅、婚宴會館、診所等作品，成就他人安心好居之刻，收到的幸福反饋卻益加清晰起來。

我深信「先天有求命中定，後天必應運開來」。

一次機緣之下，追隨玄林大師學藝，傳授後天派陽宅學，依據「呼風喚雨，山海奇觀，原水長流，江河一家」十六字，一脈相承精闢恢弘的理路。

因而，我能將自學校所學、實際工作經驗，並應證陽宅學原理，結合專業技術，一次解決設計和風水上的種種宜忌，期許斷開設計師說這個可做，陽宅老師卻說那個不行的難題、窘境，提供量身訂做的裝修方法，成就一棟美學好宅。

正因為學有所本、改有所據，專業設計結合陽宅學背景，當然就不會繞著空間直打轉。

「學貴有知，且要學以助人。」承自玄林大師的訓命，以設計出發，助人解決陽宅風水、裝潢的居家問題，一來精進專業技藝，一來延續文化道統，有幸求理得證，令我時常感念大師的辛勞教誨。

一切故事的起點，因為人、因為對空間的媒合與探求，遂有了深刻的紋理。

「我的房屋進行裝修，對於空間枝微末節的要求，難道錯了嗎？」
屋主的問題提醒了我，成就幸福好居，不可或缺那份同理心。

### 成就他人，值得專研一輩子

人格涵養的塑造，一如空間設計。

當受邀走進一間屋子，可以感受到屋主的款待與誠意，眼前所呈現的居家腹地，自然顯示出屋主的內涵。

可以說空間影響了人，人也影響了空間，潛移默化之中，一間屋子的格局走向，無形中代表了居住者的品味與氣質。

室內設計師，肩負了心靈改造的重責大任，正是為了成就他人夢想而生。

從屋外格局到核心空間，從裝潢物件到整個場域，一個精巧細微改動就能扭轉空間本身的侷限，放大視覺感並創造更多的互動關係。

身為室內設計師，需要懂得屋主的需求，解決棘手的現況問題，諸如通風不良、雨夜漏水、大門路沖、屋內生煞等大小事，都得一一化解，可說是幫別人打造完美家屋的空間職人。

當自許為空間設計職人，除了專業技術之外，還得有著熱情的鐵人意志做為後盾，為了看到您一個上揚的眼角，滿意的微笑，實在的感謝，這份成就他人之美的事，已經值得努力專研一輩子了。

於是乎，為了那些無法親自接待的朋友、造訪的家屋，一個起心動念的清晨，開始發心提筆紀錄，期盼能讓客戶之外的好朋友，也能收到這份真善美的分享。

人格涵養的塑造，
一如空間設計。

當受邀走進一間屋子，可以感受到屋主的款
待與誠意，眼前所呈現的居家腹地，彷彿是
一個人的內在質地。
因為有家，面對紛擾，我們無悔無怨，恬謐
且篤定。

### 人情相伴，創造幸福家居

室內設計的本質不只是學問，還是一份志業。

包羅萬象的空間設計規劃，廣度深度兼備，其中的藝術層面、工務技法等相關專業領域，讓這份志業豐富有趣又富挑戰性。

因為深知，面對室內設計與陽宅理論相互抵觸時，唯有找到平衡點，才不會在設計人與陽宅老師之間，蠟燭兩頭燒，仍得不到最好的解惑釋疑，將健康家居越推越遠。

失了平衡，一切將不成立；撇開風水世家、設計名門，唯有住得安穩舒適，才能福氣盈滿，幸福飄香。

手寫溫潤有餘思，人情和溫度俱顯，至今仍堅持「爬格子」手寫創作的老詩人深諳此道，需要動手施行實作的空間設計，不外乎此。

這本書，除了文字之外，將採繪圖、平面圖與作品互為映照，

呈現室內設計的格局，輔以工具書概念，讓讀者可以憑藉此書跟設計師、陽宅老師討論溝通，同時解決設計與陽宅專業的問題，降低開銷與紛爭，供作兩者的連結與橋樑。

未來，不管是新屋裝修、老屋翻新、收納改造，或想要重劃格局、營造風格，當讀者面臨風水和設計衝突，不會過度焦慮，有份援用參考底本，是我撰寫本書的初衷。

除了具備工具書的功能，也希望幫讀者釐清很多錯誤觀念、網路謠言，以及新舊時代觀點對於陽宅風水、設計裝修上的差異，開拓眼目，寬闊心界。

感謝生命中的每一位貴人，尤其是正在閱讀此書的您，期許大家都能入住安心好宅，與幸福相伴。

此刻，就從這裡開啟美好的改變……

活化　空間的安居設計　美學　PART 1

VIEW

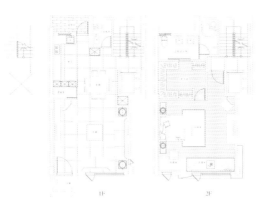

1F　　　2F

屋子格局的巧妙關係，就是人的關係，
漫遊、駐足，形成故事。

# 詩學空間：
# 生物擇良木棲居

1.1
最初的宇宙

家居設計，不外乎追求一種符合科學的和諧關係，當然，其中還帶點詩意的想像。

延伸加斯東‧巴舍拉的《空間詩學》（The Poetic of Space）概念，儘管我們不必然非得屈就於破敗簡陋，然而面對某些煞風景的格局問題，為了成就一處安放自己的美好小角落，就有必要採取一些理想性作法。

古有一說：「窮算命，富燒香。」指的當然不是單純字面上的意思，燒香拜佛所為何事？八卦算命所為何來？避災厄、求平安、添財庫、行大運等，都驗證了傳統風俗對於人們根深柢固的影響——趨吉避凶，不管貧窮或富有皆然。

風水，可溯源自古代的勘輿學，因此風水師又稱為勘輿師，勘是天文，輿是地理，運用天地生化運轉的原理中尋找對的方位、配置形勢與理氣兼顧的格局，對應天地人相互感應的八卦五行，取得適當配置，自能風生水起，家和萬事興。

良禽本能擇良木而棲，敏睿之能人，十之八九不約而同，均會選擇在地形地物最強勢最優美的地點建屋造景，可是聽到風水師說了什麼，內心不免擔心，開始揣想可以加裝哪些配備加以規避。

可是如果穿堂煞不是穿堂風，更不是任何煞氣的時候，在玄關安排了面屏風，不管是選擇完全遮住動線，或是隱約的穿透感，小小的物件，可轉變動線與視線，牽動影響人的思考中心、腦部，直接傳達五臟六腑，讓我們不得不更認真的探討面對？

法國哲學家加斯東‧巴舍拉（Gaston Bachelard）提出：「家是我們最初的宇宙，一個真實的宇宙，如果我們親密看待自己的家屋，即使最破落簡陋的落腳處也有美妙之處。」

「陽宅可以趨吉避凶，但是不要害人。」有時候將煞氣反射出去，非但損人還不利己，若是能夠從內而外編好一個宅，眼前眾多種類的「煞」，是可以透過科學設計找到化解之道。

家，我們最初的宇宙。
美好設計，讓人愛上回家。

「屋外有電塔，就是所謂的蜈蚣煞，可以在家裡掛一個有雞的圖騰或擺飾，因為牠會吃蜈蚣。」客戶轉述陽宅老師對他說的話，印象仍十分深刻。

棒打老虎雞吃蟲，物競天擇的演化論，對應到陽宅風水，非得這般以形制約、以物相剋？諸如此類信者恆信、不信者恆不信的二元對立，難道沒有更為兩全其美的方式？

從設計角度來看，也許可以選用防電磁波的特殊漆，或是使用防電磁波的窗簾，甚至是在玻璃上面貼反光的玻璃貼紙，有時建案交屋後，已經沒有辦法再改變玻璃顏色，但是貼一面反光貼紙，應該會比掛一幅雞翎圖、一個凸面鏡，或者是風水鏡之類的東西，要來得有美感，並有科學根據一些。

假使今日請了陽宅老師鑑定，當他滔滔講著屋內有煞、床壓樑、房門對廚廁，接下來則是緊接追問：「還有哪裡不好？要如何克服？健康會受影響嗎？怎麼化解？」伴隨著隱隱升溫的焦慮。

以下絕對是一個恐怖視覺經驗，曾看到一棟大廈一到十樓全部都是風水鏡，這對社區的形象營造並沒有加分效果，或是大馬路邊常見的石敢當等，無形中破壞了城市面容，也影響人和建物的內外協調與平衡。

「陽宅可以趨吉避凶，但是不要害人。」

有時候將煞氣反射出去，非但損人還不利己，若是能夠從內而外編好一個宅，眼前眾多種類的「煞」，是可以透過科學設計找到化解之道。

　　這裡要闡明的不是全盤否定，立意在於如何運用設計手法，調整陽宅風水的問題，並且顧及空間的顏色、材質、形狀等美感條件，消除掉不必要的困擾，不只住得舒服，還能在家居設計中，一步步完成人生腳本。

# 當時尚設計
# 遇上傳統風水

當初因天時已達，從門外涉獵到追隨玄林大師精研術理，學習完整脈絡的陽宅風水，如同飽讀一套深厚的學術理論大全。

一般而言，陽宅跟風水應該是區隔開來的，陽宅是陽宅，風水屬於另外的範疇。

當學有所長之後，將手邊的建案設計融合陽宅知識，擘劃出更適居的生活空間，體認到陽宅學不應只被當作一門藝術而已。

許多人會拿風水書一一檢視陽宅，甚至跟著擺放物品陳設，我通常告訴屋主：「當大家都看得懂所造的局，自然也會有辦法破解，也許你的困擾就是別人的困擾，自然就沒有解決的必要性了。」

然而，屋宅要改換格局，藉以提升運勢，有時候需要一點經費，如果是預售屋進行變更，其實就跟自己蓋房子差不多，倒不如趁早規劃、審慎評估。

如果一樣要花這筆裝修預算，為什麼不在設計裝修的時候，把陽宅問題一併解決，就不會有住家搞得像待在廟裡一樣的問題。

陽宅學，可說是人體工學、地球科學、統計學的結合，承襲地區性人文信仰背景，歸納出住宅吉凶的一門學說，使之受到大眾的接受與認同。

只是精熟陽宅理路之外，還要考量到個人信仰、風俗民情、起居動線的差異，無法全盤套用接收，猶需針對每個業主、屋況量身打造，因時因地制宜。

「現今的室內設計已是一個學位，陽宅也不該只當一門藝術！」

於斯，如今的我主力設計，結合陽宅學與科學概念，猶如打通一堵牆面，得以優游理性與感性之間，一方面達到形煞的化解，一方面既能保留空間美學，回家不再像進廟裡頭。

　　設計師的出發點在於動線美學，施作工程有其務實的一面；陽宅風水則結合古人智慧與經驗，蘊含歸納演繹的邏輯。新舊融合之後的作品呈現，透過實際的室內設計裝修後得以落實，每每交屋後請屋主加以鑑定裝修與格局，調整前後的整體氣場，帶給人截然不同的舒適感受。

陽宅學，可說是人體工學、地球科學、統計學的結合，承襲地區性人文信仰背景，歸納出住宅吉凶的一門學說，才能受到大眾的接受與認同。

當時尚設計遇上傳統陽宅學，碰撞融合，不見奇異的衝突，反而成了兩相之間的完美調和。

讓我們跨出國境瞧瞧，紐約地產大亨川普（Donald John Trump）主持《誰是接班人》真人秀，辦公室背後是一大片落地窗，呈現出整個市中心（Downtown）的夜景或海景，營造奢華氣派感，儼然就是大企業家該有的風範。此時，有點陽宅概念的人自會質疑：「他這樣背有靠嗎？背沒有靠山，不是容易倒？」這位地產大亨為什麼不怕？

誠如節目中他的經典口頭禪：「You're fired！（你被開除了）」，後來主持人果真換人當，可說是純巧合。目前的他，忙著競選美國第五十八屆總統選舉，且已獲共和黨篤定提名，由此可知，針對陽宅格局這一塊，會因人文、地域的信仰和習慣而有所不同。

「為了讓空間更為寬敞，把客廳後方牆壁打掉，卻造成沙發沒有靠，這樣可以做嗎？」回到國內，一位客戶曾問我。

身為一名設計師或是略懂陽宅的人，找出解決辦法並不難，只需在裝修規劃上找出克服問題的設計方法。

設計師的出發點在於動線美學，陽宅風水則結合先人智慧與經驗。

新舊融合之後的作品呈現，透過實際的室內設計得以落實，帶給人截然不同的舒適感受。

精熟陽宅理路之外，還要考量到個人信仰、風俗民情、起居動線的差異，無法全盤套用接收，猶需針對每個屋主、屋況量身打造，因時因地制宜。

這裡得再釐清一個觀念，不是說背後沒有靠的時候，就必須要掛個什麼補形的物品。尤其在人口稠密的地方，越是精華地段的住宅，屋和屋之間和高架橋相鄰，自然容易出現壁刀、風煞（音煞）。

為了改善音煞的困擾，大概沒有什麼東西可以掛了，其實只需在屋外做隔音牆、隔音窗，「這樣不就永遠無法開窗嗎？導致空氣無法對流？」依照現今產品技術，搭配空調設備裝修，運用適當功率的「全熱交換器」，即可克服家裡所謂的通風問題。

當室內有新鮮空氣，就不會想開窗，自然不會有吵雜跟灰塵的問題，尤其在大樓中相對低樓層的部分，因為大氣循環會招致蚊子、灰塵等，正是根據地球科學理論知識，運用智慧方式和現代設備設計成功的最佳例子。

家，是我們最初的宇宙。

當然，這個空間不能太吵，否則就聽不到宇宙的聲音了。您說是吧？

時尚設計，遇上傳統風水，優游理性與感性之間。

屋宅要改換格局，藉以提升運勢，有時候需要一點經費，如果是預售屋進行變更，其實就跟自己蓋房子差不多，倒不如趁早規劃、審慎評估。

Design view

**全熱交換器**
它可以在室內不開窗的情況下，交換屋內的新鮮空氣，有如房子的呼吸系統，近似於施作商業空間的時候，一種換氣補風的做法。

# 家居設計的
# 五大心法

這位創意思考家曾於 2015 年抵台，出席「全球產品設計大賞」特展，他提出「好設計四大理由」，其中包括：功能（Function）、吸引力（Seduction）、可用性（Usability）、責任（Responsibility），在在說明了設計不可偏離使用者，也就是與「人」背道而馳。

假使一棟房子能夠兼納上述理由，並達臻完美比例，那麼生活其間的人，該是無比幸福的吧！

儘管對於「完美」的要求因人而異，但我始終相信，居住品質的提升，有賴空間的妥善規劃和打造，於是乎，「安宅設計的五大心法」應運而生。

我們在每段關係當中，不斷重複排列組合的遊戲，歷經混亂、掙扎、妥協之後，當疲累地游上彼岸之時，不免希望有處可以稍微喘息、安歇之所。

如果說非得破壞才得求生，打造一間適居空間，就從混雜難解的疑團中抽絲剝繭，一一描畫出線條，打掉封結的冰山，讓平面圖浮出，開始一場心靈改造工程。

現在，讓我們靜下心來，和空間來場換位對話吧！

## ⊙自慢

問問自己：「到底想要什麼樣的房屋、格局？」

是否挑選了令自己怦然心動的顏色、材質、美感、形狀等一切裝設物件？能夠讓一個人靜心獨處，不管是靈感湧現、興奮熱烈、沉默療傷，或亟需尋求喘息時刻，都找得到合適角落。優游其間，心自慢，換得一片澄明。

「每個設計物件，都在創造關係。」紅點教父彼得・賽克（Peter Zec）認為，設計永遠是為人們服務，讓生活變得更美好，甚至還能拯救性命。

設計就如溝通一樣，任何的變動一定要有意義。

⊙五感

問問家人：「每個人都找好角度了嗎？」

視聽嗅味觸，各有各的快樂與滿足，如何在交會之時，產生更大的快樂與更多的滿足？人體的感受器官，眼、耳、鼻、口舌、皮膚、知覺，同樣各司其職，空間設計可以為彼此架橋，讓五感六覺共構，換來是更多微妙新體驗。

⊙光影

問問客人：「早晨的光把您吻醒了嗎？」

採光、照明，營造無與倫比的氣氛，開窗、造景，打通的不只是一道高牆而已。空間規劃，除了實在硬體之外，還得兼具柔軟內裡，科學實證加上詩意設計，當窗簾被掀動，這不是風動，不是幡動，而是一份心動。

⊙細節

問問設計師：「打個商量，可否在露天陽台上看報？」

關於挑高、牆面、空調、沙發、床頭、壁櫃、鹽罐、開瓶器的加設與挑選，小之飲膳瑣事，大之健康要務，都要經過未雨綢繆、深思熟慮，正因為牽一髮動全身，一旦竣工、買定，想改又是一番花費。

以上細節，就像詩人瘂弦：「溫柔之必要，肯定之必要，一點點酒和木樨花之必要」，這些必要、非必要，跟散步一樣，通通連結成生活的全部。

## ⊙氣質

再次回問自身：「現在，您對周遭空間還滿意嗎？」

一間不說話的房子，最能呈現主人的生活樣貌。空間的延伸，正是巨大的提醒：做你想做的夢吧，去你想去的地方吧，成為你想成為的人吧。

因為一切，都是為了讓生活過得更好！

這份對於空間的挑剔與品味，就像上述心法的關鍵內涵，設計就如溝通藝術一樣，任何的變動一定要有意義，才能成就一場美好且穩固的關係。

### Design view

**紅點設計大獎（Red dot design award）**

一九五五年，由德國著名設計協會 Design Zentrum Nordrhein Westfalen 創立，與德國 iF 獎、美國 IDEA 獎並稱為世界三大設計獎。針對設計競賽，評比內容為：產品設計（product design）、傳達設計（communication design）、設計概念（design concept）。

# 我不是在家，
# 就是在返家路上

追求幸福，沒有任何藉口。
追求一段幸福關係，往往在於彼此默契的建立。

　　過去，較少有人從設計師的角度，針對陽宅問題提出釋疑，並做出符合科學性的改善，促使我多了一些動力，藉由和客戶、業主接觸討論的過程中，慢慢拋出一些議題，提出另一條思考路徑，進而導正一些不太正確的觀念。

　　當他們有了一定的理解之後，接下來的溝通與施作就會順利許多。

　　「其實您們這宅子，沒有穿堂風。」通常尋求屋宅規劃的人，面對設計師很難是悉聽尊便，也因為經驗豐富，眼前的難題，在於需要不斷地說服，因為面對的都是菁英。

　　假使根據陽宅方位，開了前門是正確的，同時營造出好的氣場，卻只因看了一段談話性節目，接收了片段資訊，就認為進屋非得要擋，才是一個玄關的時候，其實很有可能就把財神爺拒之門外了。

這是為什麼呢？根據我的所學，擋了玄關即是「隔間」概念，做了一個圍欄，等於轉動了入口方向，可是轉了入口方向，需要搭配整個家的格局配置，評定是否擋住了煞氣？要不然擋了玄關也沒有用，它還是限於屋內，反而將好的吉氣推出門，剩壞的氣場留在家裡。

諸如此類以訛傳訊的論述，以及片面資訊的獲得，正如同感冒不能胡亂吃藥，而是盡快看醫生，因為醫生會針對病情切身診斷，開立適當藥方，套用在陽宅鑑定上也是相同的概念。

電線桿、壁刀、天斬煞、反弓煞、玉帶環腰，就設計層面上，我希望能以較為現代話的口語破迷，讓屋主不再過度擔心受怕，此舉不在挑戰陽宅老師的權威，而是當老師提出尖物、電塔等對沖、煞氣，可以透過防磁波或是轉動沙發的方向加以改善。

就設計層面上，我希望能以較為現代話的口語破迷，讓屋主不再過度擔心受怕，此舉不在挑戰權威，而在便捷且安心改善。

「我不是在家，就是在回家的路上。」

返家，不再是苦差事，重新體會幸福的感動！

然而，卻有人說，使用防電磁波的窗簾、油漆，顧得了電塔輻射不入侵，卻也導致手機、電腦收不到訊號，因為電磁波相對被阻隔掉了。

科學技術的應用日行千萬里，只要能在家裡安裝 Wi-Fi，倒也就不成問題。

此外，有時候設定了沙發方向，一坐定，向前望出去，很有可能正對電塔或尖物，那麼換個方向坐，不就什麼事都解決了嗎？

只是當你看不到它了，就會有看不見大門的說法，無法得知來客、掌握全局，如此糾纏下去。

假設配置得當，從大門玄關進來有了轉向，當主人家坐在客廳的主位，還是能擁有一定程度的掌控權；如果要照看大門，一定無法顧全家裡，反之背對大門，則能照看家裡，現在格局幾乎都是如此，倒也相安無事、人和家樂，一切塵埃落定。

有趣的是，很多基督徒或非佛道家的屋主，討論設計的當下，通常會說我不信那個，但是最後會議結束時，還是不免叮嚀：「但是你懂的，幫我注意一下！」

On my way home……
當人和空間有了默契，自然成了一名戀家宅。

On my way home……當人和空間有了默契，自然成了一名戀家宅。

「我不是在家，就是在回家的路上。」返家，不再是苦差事，讓人重新體會幸福的感動。

現在，你也準備好和自己的空間建立關係了嗎？

有時候設定了沙發方向，一坐定，向前望出去，很有可能正對電塔或尖物，那麼換個方向坐，不就什麼事都解決了嗎？人和家樂，一切即能塵埃落定。

# 理想居宅——
# 關於家的神話

當每個人發揮自己對於空間的想像與期待，開始著手布置的過程，等於參與自己小宇宙的成形。其中，可能綴有蔚藍星空、碧螺湖色、粉紅牆面等，正欣喜於眼前白色小馬奔竄之際，背後已跟著出現原始噬肉的巨龍……

有時，一件突發事件致使家屋變得異常脆弱，甚至不堪一擊，緊接而來的破敗、崩解，轉眼之間樓塌又樓起，那份千絲萬縷揉捻而成的記憶，卻加深它在居住者心中不可撼動的地位。

特別是那份泛黃的身家歷史，成了追憶懷想中的訊息，隨著言談一代又一代不斷地被傳誦流傳下去。

於是，人心所向的一座理想居宅，蘊含著神話般的氣息。

如今，空間的二次、三次甚至四次元，也許藉由一個物件、一張肖像、一尊人形偶，而能輕易被打破。

那麼，當神的殿堂跨進人的居宅，又該如何妥善安排？

回到家打開正門，馬上看到一座偶像形體，無形中給人一種進廟參拜的感受，建議安座在側邊，同時盡量不在走入玄關處，迎頭就看到神明桌。

除了神像、神桌之外，住家當中最常見的還是祖先相片、牌位。

一般宗親會設有宗祠，當中掛有歷屆理事長玉照、祖先牌位是再合理不過的事，可是在人居住的地方，一進門就看到祖先在那裡，好像時刻提醒自己有所反省，難免有些壓力。

除此之外，若非一個招待所或商業空間，斷掉的馬頭或是佛尊頭像這一類藝術品，還是盡量避免，有形可能就會

羅蘭‧巴特（Roland Barthes）：「一部作品之不朽，並不是因為它把一種意義強加給不同的人，而是因為它向每一個人暗示了不同的意義。」

唔——，這麼說起來，家屋也可視為一部不朽之作，因為它向居住其中的人顯現紛歧的內涵。

入靈，若是不清楚該古物的來歷出處，不免令人擔心。

　　至於，神明廳要設計在一樓或頂樓，個人習慣因素之外，還要考量整體格局的規劃與坪比、坪效的運用。一般透天厝大多採頂樓作為神明廳，只是有些建蔽率容積計算，越到頂樓，坪數越小，反而一樓庭園建有小橋流水，面積較大，又有開窗，此時設計成一處寧靜佛堂，同時供奉祖先牌位，似乎也甚為合理。

　　最近有個案子，屋主把小孩子伴讀空間設在五樓，也是神案所在之處，一併擺放祖先的牌位與遺照。

　　我笑著對屋主說：「孩子每天放學回家做功課，就像在祖先面前坐好！」這壓力也太大了吧！

當每個人發揮自己對於空間的想像與期待，開始著手布置的過程，等於參與自己小宇宙的成形。其中，可能綴有蔚藍星空、碧螺湖色、粉紅牆面……

　　現在住家多為三房、四房格局，牆面不適合掛上多大的照片，
百善孝為先，這種緬懷、慎終追遠的倫理孝道呈現，家中就留下
一個小相框紀念就好，把祠堂的歸還祠堂。別嚇著自己，也別嚇
著孩子吧。

真正的藝術品，不過是一種神聖完美的陰影。——米開朗基羅

當生活空間被設計者所詮釋，那麼即使是一道藉由百葉窗孔隙所撒落的陰影，也能視作神的落腳之處。

剛剛提到，玄關大門正面不宜放置人偶、肖像，臥室、浴廁旁也不應有神明廳擺飾。

相信很多人不免疑惑，祖先神明要住在哪裡，才能保相安無事，護家庇人，成了一道待解習題。

住家跟住廟是一種心理感受，陽宅老師負責看神案方位，「請神安座」則屬於道家範疇，得懂開光點眼、安神位的法術。

神案除了有方位問題，還牽涉到燃香，因此神案後方需要做些補強，以免影響後方寢室或廚廁的生活空間。

此時，可透過最簡單的方式，像小工廠會請來一尊福德正宮，後方直接貼一張紅紙，直接隔開兩者，或是運用大理石材的複牆進行補強。

其實神明是受人敬拜而來，人不喜歡什麼，就可對應到神案的格局，像是對向不要切到窗戶、屋角等。

至於神尊要離神案幾尺、左右龍虎邊各留幾公分，這是屬於道家或陽宅老師取捨的範疇，室內設計會著重於點香排風的部分。

人心所向的理想居宅，蘊含著神話般的氣息。

當生活空間被設計者所詮釋，那麼即使是一道藉由百葉窗孔隙所撒落的陰影，也能視作神的落腳之處。

倘若空氣無法自動流通，在可行的狀況下與不影響到神桌莊嚴時，可藉排風扇或換氣扇輔助，排出線香和蠟燭的燃煙。需要留意如何在有冷暖氣的空調設備下，與排風扇造成的錯誤循環。

神案後方的拱形是一個框，背牆可用石材，因有防火考量，不宜用木板牆。

屋主通常會擔心天花板被煙燻到焦黃、污黑，防火板搭配防火面材就能派上用場。

但是不管使用什麼漆（包括亮光漆、晴雨漆），燻黑似乎在所難免，因此除了排煙設計要好之外，可利用大理石或花崗石在神案上方做一個「ㄇ型」框，除了整體可看起來更加區分開來，也大為降低被煙燻黑的機率，算是空間改善的進階版。

此外，也可從牆面延伸一段出來，遇到「拱形」無法用石材製作的話，紅色的烤漆玻璃不失為一個好選擇，這和汽車擋風玻璃是相同概念，具備防火、防曬、防裂等功能。

一般而言，神案後方不宜用木板牆，主要有防火考量。

如果住家是八十坪、九十坪的大四房，找不出空間可以安座祖先牌位時，就能採用此設計規劃：在櫃子的同一排當中，另用石材隔出一個神案空間，也是對於先人的尊敬。

睡覺時最好睡在「靜方」，神明居所也是同等道理。

只是靜方後面如果是廚廁，廚房烹飪之處，天天菜刀見血、殺魚宰雞；廁所則積聚污穢，供人排泄清潔，以陽宅學觀念而言均屬聚陰之地，旁邊通常不宜作為神桌位置。

形式內外，動靜之間，關乎信仰的種種，其中不可或缺的，在於一份虔敬的心。

　　這樣說起來，神明廳後方以房間為宜囉？只是當人休息，阿公早起做早課，阿嬤睡前做晚禱，前頭念經就會吵到人，三方干擾，似乎也頗為困擾。

　　神明廳若是處於「靜方」，後面採混凝土的 RC 牆或是磚牆最為實在，也讓懷想參拜的人，得以處於僻靜生慧之境。

　　現今許多建物為了降低整棟大樓載重，而使用輕隔間，不是木板牆，就是灌輕質發泡混凝土，裡面充填保麗龍，一方面受限於預算跟時間，一方面當然也是建築技術的提升。

　　中間的取捨，一絲懸念，天差地別，當劣性凌駕於內在神性，往往被犧牲的是生活品質。

關於理想，關於家的神話，彷彿聽見：
「要有光！」於是便有了光。

現今許多建物為了降低整棟大樓載重,而使用輕隔間,不是木板牆,就是灌輕質發泡混凝土,裡面充填保麗龍,一方面受限於預算跟時間,一方面當然也是建築技術的提升。

中間的取捨,一絲懸念,天差地別,當劣性凌駕於內在神性,往往被犧牲的是生活品質。

　　形式內外,動靜之間,關乎信仰的種種,其中不可或缺的,在於一份虔敬的心。

　　由此,神的居所,不知不覺就融入了人的居所。

　　生活中盡皆俯拾即是的「符號」與「神話」,本來的樹是樹,但一棵被文學家描述並賦予意義的樹,將不再只是一棵普通的樹了,羅蘭·巴特《神話學》(Mythologies)如是說。

　　格局也可作如是觀,一處被居住者或設計師重新改造、裝置、翻修、整編後的家屋,自然充滿各式各樣的空間詮釋語境。

　　然而,我們總還能夠為居所,找到一個嶄新的思考方向,關於理想,關於家的神話,彷彿聽見:「要有光!」於是便有了光,依循自然定律般地流轉。

　　當那道神聖的完美陰影再度灑落,不朽的成立,原來是因為生命歧出的隙縫。

神聖的完美投影,
來自生命歧出的隙縫。

# 簡單生活──
# 斷捨離

對相愛的人來說，對方的心才是最好的房子。
──村上春樹

　　瑜伽有一套行法哲學：「斷行、捨行、離行」，指的是斷絕、捨棄、脫離，對於日常生活中的執著、雜念、俗慮、包袱通通卸盡。

　　這份義無反顧的「斷捨離」，才是人生的幸福真義。

　　空間設計，也是「少即是多」的哲學體現，過多的擺飾、盆景、砌牆、隔間、帷幕不見得好，反而是因應人的動線、物的對應，依此進行配置，收得更好的格局。

　　其實，真正需要的不用多，那份貪求往往也留不長久。

　　追求簡單生活，從來不是單向的結果，而是一種取與捨之間的辯證與拉扯。

　　以下透過「斷捨離」哲學，一起檢視屋內屋外可見環境中，看看自己不可見的內心，到底還多了什麼，可拿掉什麼。

空間設計，也是「少即是多」的哲學體現，過多的擺飾、盆景、砌牆、隔間、帷幕不見得好，反而是因應人的動線、物的對應，依此進行配置，收得更好的格局。

空間設計，也是「少即是多」的哲學體現。

### ⊙屋內，別有洞天

華廈的部分，主要評估穿堂風、房間是否門對門、灶是否外露、開門是見廁等。

一般屋主對於這些陽宅知識的汲取，全是仰賴於電視媒體，雖然不盡然全數是正確的，仍因而有些基礎概念。

然而，屋主通常看不到的部分，多數是以透天或別墅為主，包括上下樓層的垂直動線交錯的問題。

比如說，餐廳的上方是主臥的浴室，或者主臥浴室的下方是爐灶，甚至透天厝常被問及的，就是神明廳究竟該放置一樓或頂樓，以及是否面朝落地窗。

陽宅老師跟設計師針對這些問題，通常看法不盡相同。

這方面，我有一套個人見解，將之融合，即能呈現出更好的設計作品。

針對以上問題，若狀況允許跟建商做室內設計變更，加上配置上一定程度的修改，通常不是難事。

但如果來不及作設計變更，可能就要透過拆牆壁，或者以新作隔間的方式處理，勢必增加裝潢費用。

台北某屋主，委託我幫忙做室內規劃一個坪數較小的物件，當初建設公司以二加一房的形式銷售，因為主臥室坪數的關係，使得雙人床必須靠邊擺放，加上空間限制，無法要求更衣室的大小，衣櫃也沒有地方擺放，浴室動線也很奇怪。

後來了做空間設計，透過專業的平面規劃、跟屋主溝通之後，同意依照我的設計進行更改。

設計上的取捨，是一
種簡單哲學。透過陽
宅專業讓設計更為加
分，變得更好，倒也
是互為主體的功夫。
屋內，別有洞天，美
好的實例就會不斷發
生。

　　屋主本想留下自住，或提供子女在外讀書居住使用，後
來閒置一段時間，決定將房子出租，透過房屋仲介只花了三
天就找到了房客。事後仲介告知屋主，該房子位置並不算市
區，且同棟大樓有兩個坐向相同的二加一房物件同時招租，
能早先一步出租，主要還是室內設計規劃做得好。

　　透過設計變更解決了陽宅問題，同樣的租金、一樣的坐落
位置，規劃過的格局更能獲得青睞。

　　即使在前期，屋主需要投資較多的金錢成本，但一個好的
設計能使之更穩定，好的陽宅招來好運勢、好房客。

　　雖然說，純粹是設計上的問題，取捨之間，也是一種簡單
哲學。

　　此外，透過陽宅專業讓設計更為加分，變得更好，倒也是
互為主體的功夫。

　　屋內，別有洞天，這些美好的實例還在不斷發生。

### ⊙屋外，好事相迎

採以風水看陽宅的時候，一般會從外面講到裡面，但本質還是在談陽宅方位與設計的事情。

通常住家有圍牆的屋主，大多是住一樓或是獨棟建築，古書中有很多圍牆的資料可供查閱，包括需要固定多少高度、離主建物的距離要多少，才夠成就一個大格局。

但放到現代社會而言，圍牆還是以防盜功能為訴求。

目前建築多為了採光，或是降低成本，均多採用大面窗的設計，這會牽涉到室內圍牆的課題。

此時，可利用窗框高度，貼上適當的反光隔熱紙或噴砂紙，增加心理頭的安全感，提升居家隱密性，基本上就達到圍牆的效果與理想格局。

路沖，傳統的看法上，只有美髮沙龍、肉舖適合行業經營空間，因為剪髮用的剪刀可破沖，肉舖屠夫拿屠刀可化煞。

　然而，如今重劃區多，有些地方還未蓋好，已有客戶先買了房子住進去了，周圍蓋起來的時候，才驚覺房子面臨路沖或正對車道。

　如果沒有管理委員會的約束，屋主可自行做局部修改，建議把陽台外圍加做一個「節能採光」的格柵，一方面可以安撫心中的不安，提高隱私，一方面格柵可隔音，降低噪音的效果，對於日照的部分，例如西照等問題，也能發揮阻隔掉陽光作用，家中室溫自然不會太高。

　如今常看到一些新銳建築師、設計師，已經可以熟練的利用這些技法，解決路沖的問題。

　日本獨棟的建築物當中，也可看見相當多類似的手法，在外面擺放空心磚增加造型，或是用鋁製的塑鋁條做配置。

　其中比較有趣的，是當人進入這家大門，因為這層格柵的關係，擋掉了隱私外露的困擾、汽機車聲音吵雜的部分，以及坐向造成的西曬問題，還讓前庭成就所謂的「明堂」，讓屋內別有洞天，屋外好事相迎。

　在透天別墅的物件當中，建物正面外觀立面設計，使家中前面這一段變得更加美化，尤其是現今寸土寸金的房價當中，如果有辦法在自己的前院，做出這樣一塊設計的話，事實上可以更有效的利用室內設計及建築技術，化解掉路沖的問題。

　如果是公寓，往往認為化解外頭形煞，需要利用反光鏡，若是改成「節能採光」的格柵，不但輕鬆解決路沖，還能改善住戶受到隱私被窺探的困擾，或者是改善受影響的生理與心理狀況。

　假使戶外沒有辦法克服的話，並非獨棟的房子，可以在公寓裡面做實木百葉簾，調節陽光；如果住的樓層越高，只需依據路沖型態，利用直立百葉簾使之轉向、調向，這跟外部放置隔柵的效果，其實是一樣的。

　有時候，陽宅規劃要實際有效果互為印證，內外兼修就像正確的防水工程、工法一樣。

為化解路沖而設置的格柵，不僅擋掉隱私外露的困擾，還避掉坐向造成的西曬問題，成就前庭的「明堂」，讓屋內別有洞天，屋外好事相迎。

防水最為有效，還是得從外面做起來，像面對路沖，沒有辦法從外面克服的話，從裡面即使治標不治本，相信還是可以達到一定的效果，實木的百葉簾的種類與材質相當多樣，有固定片、捲簾式，甚至可利用電動做微控制，這個是室內設計當中，對於「路沖」在對內、對外相關的克服之道。

當然，石敢當沒有在這裡提到的原因，第一不夠雅，第二是不一定最有用。

電線桿跟煙囪，則屬於外在的形煞，其中最擔心的，莫過於開門就看到電線桿，就像當頭棒喝。

花通常在胸口，樹則高過圍牆，因此開門若是正對樹，就不好，在圍牆內是自己家的事，搬走即可，若在圍牆外，便很難請對方移開。

然而，換個角度思考，也許電線桿、煙囪也是好的，為什麼？一般書桌的案前放置檜木的「大筆進財」，如果書桌的方位配得好，擔任法官、教授等行業，看到類似煙囪形體的物品，尤其屋外的那一枝大筆，更是家中的大筆。

這就是我說，不要過分執著，斷捨雜念，只要經過調整、設計，讓人覺得它是一個「對我有益」的東西，自然就能化解無形中的擔慮。

不要過分執著，斷捨雜念，只要經過調整、加以設計，讓人覺得眼前景物能「對我有益」，自然就能化解無形中的擔慮。

　　直到現在，設計內外，我仍持續奉行這份簡單真義。

　　當有機會參觀大師建案、受邀至親友屋內小聚，或是自在悠走家中，我仍會不時抬頭駐足、低首沉思，這段大腦時空閒步，總能帶給我關於「好居」的靈感指數不斷攀生。

　　如果進到一個能讓人莫名心動的空間，就像翻到一頁美麗的扉頁，腦中會自動回答：「沒錯，就是它！」

　　當你愛自己的屋宅，你的心，就是最好的房子。

　　閉上眼，想像一下自己的美好家居，再度睜開眼的時候，它已經離你不遠。

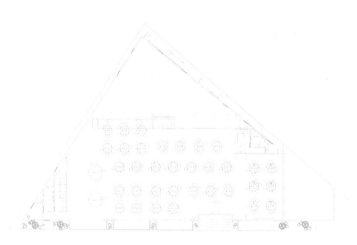

風生
人的好居條件

水起
PART 2

LIFE

以人量身調整空間，而非用設計把人框架
住，好的改變，動靜皆舒適。

# 動靜皆宜的
# 私密空間

　　許多人終其一生都不曾意識到，擁有私我空間對於人格形塑的重要性。這個空間是家中成員溝通、說愛的地方，更是安身療癒的靜心一隅。

### ⊙ 面對自己，成為自己

　　一如吳爾芙所言：「一個人能使自己成為自己，比什麼都重要。」不管男女，任何年齡層的人們，想要成為自己，有個可供沉澱和反思的房間，似乎會容易許多。

　　那些在外頭自願或被迫貼上標籤的形象，終於能在私密空間中全然卸下，不再需要武裝面容，而用真實自然的樣貌面對自己、親近家人。唯有此處，能夠舒展問候，找回關愛，看見靈魂，也才能觸及所謂的幸福。

每個人都應該有個完全屬於自己的房間，在這裡可以自由地沈思、冥想與創作。——英國小說家 維吉尼亞‧吳爾芙（Virginia Woolf）

有個可供沉澱和反思的房間，能夠舒展問候，找回關愛，看見靈魂，也才能觸及所謂的幸福。

無論房間大小，對於家中的長輩、小孩，都
需有適當的格局配置，再搭配空間的吞吐收
納，營造融洽和諧的家庭氛圍。
一個以人為核心的空間場域，要能動靜皆舒
心。甚至連一處解決生理需求、舒緩壓力的
浴廁，或是小坪數蝸居套房，都有克服與改
造的妙法。

每晚臨睡前，打開不同房門，一一看見——髮
線蒼白的父母安心入睡、孩子們在牆上充滿童
趣的塗鴉，以及不遠的身旁守護著彼此親密誓
約的另一半，這份恰如其分的距離，讓每個人即
使窩在自己的小世界裡，關愛依然緊緊相繫……

A：玄關　Hall Way
B：客廳　Living Arva
C：餐廳　Restaurant
D：廚房　Kitchen
E：儲藏室　Storage
F：主臥室　Master's room
G：更衣室　locker room
H：主臥室浴室
　　Master's room bathroom
I：臥室　room
J：臥室　room
K：客房　Guest room
L：公共浴室　Public bathroom

每晚臨睡前，打開不同房門，一一看見——髮線蒼白的父母安心入睡、孩子們在牆上充滿童趣的塗鴉，以及不遠的身旁守護著彼此親密誓約的另一半，這份恰如其分的距離，讓每個人即使窩在自己的小世界裡，關愛依然緊緊相繫……

私密空間依室內設計而論，分為主臥室、次臥室、孝親房、男女孩房、更衣室；其中偏向公領域部分，則有客房、書房、傭人房、儲藏室。

古代的合院建築，充滿著家庭人倫思想，雖然現今多數人生活在寸土寸金的城市高樓，仍然可以有效利用空間，保留傳統作法區隔房間，除了規劃與身份角色相符的內五行配置，在燈光、顏色、材質的美感講究上，還能運用現代裝修加以翻新。

想要成為自己，有個可供沉澱和反思的房間，似乎會容易許多。

古代的合院建築，充滿著家庭人倫思想，雖然現今多數人生活在寸土寸金的城市高樓，仍然可以有效利用空間，保留傳統作法區隔房間，除了規劃與身份角色相符的內五行配置，在燈光、顏色、材質的美感講究上，還能運用現代裝修加以翻新。

好房間，彷彿是種哲學式驗證，一如莊子主張「返本全真，凝定心神」。

### ⊙大隱朝市，小隱藪澤

一個房間，幾乎可以囊括所有生活機能。

身處異鄉讀書或工作的遊子，也許不計較是否有客廳、廚房的大坪數空間，一個小套房或雅房，放學後、下了班的返家休息時刻，卸除一日重負，只需煮上一碗麵，打開電視機，就是無與倫比的美好時光。

好房間，彷彿是種哲學式驗證，一如莊子所言「返本全真，以凝定心神」，使人得以進行正能量的練習。

如果說，家是一個永恆的避風港，那麼家中的私密空間，則是一個讓自己藏身於世界之外的理想境地，裡面有著絕對的自由和任性，可供盡情宣洩、淋漓發揮，每一種被庸碌喧擾阻斷的創意與想像。

又或是，在累了倦了的時刻，韜光養晦，潛心自修，關上心裡的門窗，僅與偌大的臥床緊貼分享，然後安適恬靜地睡上一覺，呈現瘂弦〈如歌的行板〉「陽臺、海、微笑之必要／懶洋洋之必要」的詩中境。

俗諺：「大隱隱於朝，中隱隱於市，小隱隱於林。」房間作為小武林，門外世界當屬大武林，走得遠、走越快，困乏腳步需要安穩的停歇之處，取靜鬧中，藉此物我兩忘，昇華心靈，房間就是最美的依戀。

房間作為小武林，門
外世界當屬大武林，
走得遠、走越快，困
乏腳步需要安穩的停
歇之處，取靜鬧中，
藉此物我兩忘，昇華
心靈，房間就是最美
的依戀。

　　這份內外在的必要之「隱」，不由得再次想起詩人的經典
名句：
　　溫柔之必要
　　肯定之必要
　　一點點酒和木樨花之必要
　　正正經經看一名女子走過之必要
　　君非海明威此一起碼認識之必要

　　縱身時間的長河，與其說「擁有」一個自我空間之必要，
更適合說「擁抱」，擁抱這個私人場域所帶來的柔韌力量。

# 五大軸心：
# 燈光、顏色、材質、
# 美感、形狀

　　畫家把色彩藝術置入畫作之中，平凡如我們，也能夠妝點自己的居家空間，打造出一種截然不同的生活美學。

　　如同建築大師柯比意（Le Corbusier）主張，建築是一種心智活動的結果，而創作，則是一種耐心的追尋。延伸至室內空間，我們也許可以這樣說：創作和追尋的歷程，耐心傳遞信念，細節主宰一切。

　　其中的五大軸心，象徵空間的文藝復興，各別悉心調製出家的基調，再融合成美的情調。

## ⊙燈光，溫暖的投射

　　家的存在，意義因人而異，但大致有個共通想法——具有令人放鬆的安全感，在不同角落、採不同形式得到落實，同時展示個人的喜好品味，表達主人的生活哲學與理念。

　　家，不僅僅是一種風格體現，而且是個人氣度的展露。

　　舉臥室來說，建議採間接燈光，營造氣氛和重點照明。

　　「氣氛照明」透過接近日光的晝光色，營造融洽、溫馨的氣氛。屋主若感覺天花板有形煞的時候，可於床頭擺上檯燈或立燈，化解形煞問題。

　　「重點照明」，當一對夫妻想要求子，可在重點擺設收藏品使用聚光投射，或在房內擺置成雙成對藝術品，象徵「和諧」。

　　值得提醒的是，不宜藉由放置多面對鏡，打造更為寬敞的視覺感，畢竟房間屬舒心放鬆之處，過多鏡子，不免像是被窺探而心生更大的不安全感。

色彩是甘泉、是美味，可以讓人快樂，讓人活起來。——畢卡索（Pablo Ruiz Picasso）（二十世紀現代藝術的重要代表人物之一）

選用淺色木質地板與白
色牆面,營造出大地溫
度,即使在寒冷冬日,
也能感受幸福暖意。

### ⊙顏色,生活的態度

顏色主調,決定了家居風格,現今家
居設計不再像以前單純刷白牆壁,講求
設計,而有更多創意可能,足以反應出
一個人對生活的態度。

最常見簡約時尚的經典黑,常是男性
首選。深色系能營造濃厚陽剛味,搭配
白色互為使用,除了讓整體空間調性一
致黑白分明,也有不退流行之感,兼具
現代成熟風格。

近年大量被建築設計引用的清水模工
法,導入房間也頗為合適,採灰色調的
整體佈置,頗有小資和文青氣息,吸引
年輕一輩的喜愛。

或是,一般大眾崇尚日式風格哈日,
然而和室的簡單俐落,卻不見得適合每
個家居,那麼便可以從色調下手。選用
淺色木質地板與白色牆面,打亮空間,
地毯與寢具選用棉麻的天然材質,營造
出牛奶糖色系(大地色系)的溫度,讓
人即使在寒冷的冬日,彷彿也能感受到
幸福的暖意。

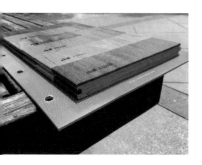

海島型木質地板，成就踏地的慈悲，蘊藏一層惜福心念。

### ⊙材質，舒心的慈悲

重視質感生活的家居設計，可選用木頭材質與白色系搭配，營造出乾淨舒適的俐落感，那份自然愜意，使人徘徊流連。但如果傾向大器風範的規格，地板建議選用較硬的質地，一如色澤紋理獨特華美的大理石材作規劃。

講到地板，需特別留意家中的長者，冬天若雙腳直接踩踏地面，那份冰寒易引發心血管疾病。

就陽宅和設計觀點，地板五行配色除了要順應屋主喜好，也要符合現代潮流，此時可從兩方面切入探討，一是若地面來不及鋪設木質地板，最好擺上腳踏墊作為緩衝，讓家人在下床後，首先踩到腳踏墊，再穿拖鞋，避免下床直接觸到冰冷生硬的材質。二是於家中鋪設木質地板，使用海島型的實木地板，穩定性高也不易受潮、變形。

居住環境需顧及生態保育，建議採用海島型木質地板，而非實木地板，考量在於樹木的種植、生長速度，遠遠不及人的使用速度，用掉一坪就少一坪。這份成就踏地的慈悲，需要蘊藏一層惜福的心念。

重視質感生活的家居設計，可選用木頭材質與
白色系搭配，營造出乾淨舒適的俐落感。

家，不單單是一磚一瓦的外在建築，更是思想的堆砌，成為展演內在「美形」的生活舞台。

### ☉美感與形狀，家的安心模樣

海島型地板上面有一層實木，可以釋放芬多精，調節室內溫濕度，利於人的身體健康。

現今地板大多採「漂浮式」施工法，板材的四邊採用卡榫密合，底下再墊防潮、泡綿層，也可以再打一層底板，或者考慮再架高，這些工法都有討論空間。

談到室內裝修，甲醛、白蟻問題也需要納入考量，除了木質地板可能產生相關蟲害，由外頭拿進屋內的花卉，同樣會有白蟻或蟲卵寄生；或是地板避開了甲醛材質的使用，但一般床墊裡頭含有矽膠等化學物質，或購買現成家具，沒有把關細微之處，包括床底、床架，其實都會有甲醛過高的疑慮。

家的模樣，取決於安心居、開懷住，再視個人喜好決定格局設置，五大軸心之外，家，不單單是一磚一瓦的外在建築，更是思想的堆砌，成為展演內在「美形」的生活舞台。

電影《高年級實習生》有一個場景著實令我著迷，女主角茱兒看著自己那棟像極童話故事，宛如城堡的家：「我希望看著它，就會讓人有想回家的感覺。」

安心回家，一種意識的驅使，讓人反觀內心深處的思索，不管再遠再久，都會永遠掛懷。

家，正是那一處讓人不忘回首的所在。

家的模樣，取決於安心居、開懷住。

安心回家，一種意識的驅使，讓人反觀內心
深處的思索，不管再遠再久，都會永遠掛懷。
家，正是那一處讓人不忘回首的所在。

家居的快樂，是所有志向的最終目標，事業的勞苦終點。
—— 塞‧約翰生

2-3
愛的初萌

一天的自始至末，隨蘇軾的遊興「飄飄乎如遺世獨立，羽化而登仙」般飄然曠遠，慢慢沉入甜美的夢鄉。

# 回到愛的初衷：
# 主臥室

　　現代社會步調匆促，回家，對大部分的人來說，幾乎只是工作的場地轉移，休息的向後延緩。僅只一步之遙的睡床，彷彿離自己好遠好遠，於此，臥房也就背離了休眠關機的本意。

### ⊙築愛的幸福空間
　　一代文豪蘇東坡在《前赤壁賦》臨江感悟「清風徐來，水波不興」的功夫，儘管因「烏臺詩案」遭貶謫而坐困黃州，仍不受波擾的恬謐與篤定。

　　從今日起，也許可自我宣告，一房之隔，讓工作的歸工作，休息的歸於休息，主臥室應為昨天生活的終點、明天生活的開始。

　　一天的自始至末，隨蘇軾的遊興「浩浩乎如馮虛御風，而不知其所止；飄飄乎如遺世獨立，羽化而登仙」般飄然曠遠，慢慢沉入甜美的夢鄉。

　　走入主臥室，除了得卸除公事上的思慮，隨之而來的重頭戲，便是男女主人的感情和睦與健康狀況。

　　通常在傳宗接代上，若有不孕之虞，民俗老師會建議到開案工地之中，拿個象徵意義的鏟子或鐵釘置放床底，取其「出丁」或「產子」諧音。

　　利於傳宗接代的居家格局，還需考量個性、民族，時代變遷，作法當然也就不再受限，設計格局跟著從新古典走向工業風。

　　現今許多餐廳、住宅設計為跟上流行，刻意不釘天花

板，將消防灑水管線裸露在外，並設置多軌道燈，類似管線外露的狀況，以我的所學經驗來講，不免構成「蛇形煞」，無利健康。

　　儘管形煞屬於主觀看法，就科學角度而言，工業風的配管仍是可行，只需留意配置盡可能不要橫過床鋪上方。

　　除此之外，網路世代的潮流男女，喜歡跟隨當前設計型態，這裡舉個逗趣的比喻：熱戀未婚時渴望共組家庭，幻想──溫馨美滿；等到求婚階段，提高到另一個境界──低調奢華，想要汽車旅館 Motel 的裝潢設計。走到結婚後，買了房子，苦於沒有更多預算，只能屈從──現代極簡風格，類似北歐清貧傳教士生活。

　　如此這般境地，若裝修預算還是左支右絀，持續下修，即成前述「一簞食，一瓢飲，鋼筋裸露」──工業風；待等事業有成，財有所積，屋主不再喜歡「家徒四壁」了，反是希望回歸──新古典風格，或者像帝寶豪宅一般，輔以巴洛克時期或美式家具襯托，加上藝術線板等裝修風格。

　　以上，並非評論各時各代各派的差異好壞，而是論及隨著預算、世代而變動不居的設計風格，重點在於因勢所趨，因人而異。

　　回過頭來，當一對夫妻有了孩子，常是處於現代極簡風的階段，但現代風設計如果有稜有角，將造成視覺上的壓迫感，因此設計收尾之時，需嚴加避免尖銳之形。

一房之隔，讓工作的歸工作，休息的歸於休息，主臥室
應為昨天生活的終點、明天生活的開始。

關於材質選用上，若採用大理石裝潢房內牆面，雖能盡顯氣派，但是冰冷感過重，反而有失溫馨，更可能影響到受孕機率。

此外，主臥室的床頭不乏擺設男女主人的婚紗照，大方宣示幸福領地，但有些為了象徵個人品味，放置不同風格的前衛畫作，反而造成反效果。民俗老師通常建議改擺石榴畫、百子圖，象徵結實纍纍，有助於受孕與安胎。

我們可以想像幸福，卻不需要玩弄抽象，應避免擺設裸女圖或抽象畫，避免招惹爛桃花。

再則，臥房顏色除了把握色調和諧之外，亦可使用既溫馨又有安全感的暖色系，一來增添閨房情調，二來營造美好氣氛，當伴侶擁有好心情，雙方關係自然拉近加溫。

因此，無論大小、形狀、顏色、材質、高低等細節，都有可供著墨揮灑之處，一切除了盡隨其心，還要兼及陽宅所趨。

傳家經典《禮記‧大學》所載，修身、齊家、治國、平天下，說的就是治國如治家，家即小天下，一切都要「正心誠意」，由己身做起。

唯有相信並珍惜當時的幸福許諾，不管床畔燈火或燃或熄，那份美好，已然走到眼前。可以肯定的是，初衷不遠，愛就不會遠。

我們可以想像幸福，卻不需要玩弄抽象，無論大小、形狀、顏色、材質、高低等細節，都有可供著墨揮灑之處，一切除了盡隨其心，還要兼及陽宅所趨。

傳家經典《禮記·大學》所載,修身、齊家、治國、平天下,說的就是治國如治家,家即小天下,一切都要「正心誠意」,由己身做起。

不管床畔燈火或燃或熄,
可以肯定的是,初衷不遠,愛就不會遠。

### ⊙臥室中的金庫密碼

臥室的另個重點，擺在「納庫」，常見手法為擺設任何有助於提升氣場的寶物，舉凡水晶洞、鹽燈、黃水晶等。

關於幸福的聚寶盆，不管明暗，請陽宅老師幫忙看顧財位的同時，還要留意能否帶財「入庫」。意思是指，當我們祈求財神爺賜財，也要有「庫」（保險箱）才能留得住。

電器行老闆說：「冰箱是財庫」，衛浴設備業者則言：「馬桶是財位」，其實只要了解居家動靜方，即可簡易辨識藏風聚氣之所在，例如，敞開大門（動方）對角線位置（靜方），即是明財位。

再則，談及納庫之法，大多屋主會先請風水師鑑定屋內的財庫方位，作為保險箱放置處，一般是直接鎖在牆壁上，或藏納衣櫃之中，若是設於畫作後方，需在牆壁鑿洞，恐會影響到另個房間。

我的作法是將保險櫃設計為踢腳板空間的暗抽，像是日本進口廚具，把廚具最下緣的踢腳處，做成可收納的暗抽，這個隱蔽性極高的「金庫」位置，通常只有設計師跟木工師傅知道。

如果想為居家空間創造更多可能性，倒還有一種方式，平面電視不直接鎖在牆壁或櫃子外緣，利用伸縮壁掛架設置，如此一來，採取搖臂左右彎打啟電視，只需將電視稍微向側邊移動，即是一處隱形式的小型保險箱，可存放貴重物品。

當我們找不到陽宅老師確認財庫方位，又希望保險箱可以高隱密性，又找不到老師傅可以做在踢腳板位置，電視後方的空間正是一個極佳選擇，屬於招財納庫的可為方式。

也許有人會擔心電視輻射問題，現今平面、液晶電視即使正對床的前方，已沒有傳統映像管的疑慮，對於健康的影響並不大。

如此一來，緊緊守住屬於這個家的「金庫」，便利又安全。

電視伸縮架

電器行老闆說：「冰箱是財庫」，衛浴設備業者則言：「馬桶是財位」，其實只要了解居家動靜方，即可簡易辨識藏風聚氣之所在。

目不交睫的忙碌現代人，回到家往往無暇其他，床底幾乎是不會注意也看不見的角落，清潔上往往有所疏漏。

臥房，不能遺漏的一隅，使得勞苦的終點有了意義，也讓志向的終站有了歸依。

### ⊙不能遺漏的一隅

台灣島嶼地狹人稠，屋主都希望可以「地」盡其用，連床底的窄小空間也不想輕易浪費，於是掀開氣壓式床墊，下方滿滿的收納物，真叫人嘆為觀止，然而顧得了便利性，卻輕忽安全考量，過去已有幾次遺憾事件因此而生。

有些風水老師希望床底下不要擺放任何雜物，連設計師也絕對不建議上掀式設計，就科學和安全性通盤考量，我們都應避免選購該類有安全顧慮的產品。

目不交睫的忙碌現代人，回到家往往無暇其他，床底幾乎是不會注意也看不見的角落，清潔上往往有所疏漏。

天地運行有二十四節氣，什麼時間、哪些節慶該做些什麼事情，甚至於每日宜忌，農民曆上都有清楚標示，傳統清掃神案、灰塵、香爐的日子，其實也可以作為床底下的打掃進度，遵循古人的智慧，如此一來，一年當中總會有一次清理機會，當灰起塵盡，自能留下滿室心曠神怡。

保持床底下的乾淨整潔，指的正是抽屜到地面的那段空間，很多豪宅屋主的床組選購，和星級飯店一樣選用上下墊型式，床底墊上床墊，再罩上床包，針對人為無法處理的細密空隙，還是需要借助掃地機器人幫忙清潔。

心理學大師馬斯洛（Abraham Harold Maslow）嘗言：「心若改變，你的態度跟著改變；態度改變，你的習慣跟著改變；習慣

改變，你的性格跟著改變；性格改變，你的人生跟著改變。」

　　人類需求五層次理論（Maslow's Hierarchy of Needs），分為生理、安全、社會、尊重和自我實現，正可作為空間需求的爬升與應證，生命的漸進推移，同樣一路從「有我」、「無我」提升到「忘我」，與生活範疇達到泯然合一、豁然貫通的狀態。

　　因此，無論是傳統極為看重的傳統風水，或現代設計的陳列擺設，歸結到基本生活主張，實用和雋永之外，背後的起心動念，不都是為了成就居家安樂？

　　如同塞‧約翰生所說，在家中享受幸福，是一切抱負的最終目的。

　　回到愛的初衷，點起心中那盞明亮的燈火，循著一線光亮，找回新生的力量。

　　臥房，不能遺漏的一隅，使得勞苦的終點有了意義，也讓志向的終站有了歸依，情願讓它永遠作為昨日生活的終點，明日生活的開端，今日的自始至末。

　　正是因為有愛，我們無悔無怨，恬謐且篤定。

# 愛的眞義：
# 孝親房、小孩房

家，是父親的王國、母親的世界、兒童的樂園。

——美國文學家愛默生（Ralph Waldo Emerson）。

　　家居設計，反映出個人的生活風格；對於整個家庭而言，家的本質，足以安頓每個成員的身心靈，達臻富足狀態。

### ⊙冷靜而溫婉的孝親行

　　日本影史十大導演之一的小津安二郎，《東京物語》作為小津戰後電影傑作，維持一貫冷靜不失溫婉的敘事手法，聚焦家庭母題，藉由一段「東京之行」呈現出兩代之間對於親情需求的心理落差，老父老母遠道而來卻面對兒女的冷落敷衍，最終失望而返，孤老而終，讓觀影者重新思考父母照養問題。

　　「有一日當終老之客來臨，希望兒女如何待我？」想必是個殘酷的提問，期盼聽到的答案，相信不會是電影劇情的失落。

　　老者常說：「養兒方知父母恩。」唯有成了別人的父母，才能體會身為父母內心的坎坷。我們不一定得做到事必躬親，但為了終生勞苦的老人家，護守那份純樸的親子之念，預留一處孝親房，卻是簡單可行的愛的體現。

護守那份純樸的親子之念，預留一處孝
親房，是簡單可行的愛的體現。

孝親房重點在色調，可採暖色系營造溫潤自然的感受，機能完備，安全優先，打造兒女呵護備至的孝敬之心。

　　如果是獨棟透天厝，可讓長輩住在低樓層或一樓，一旦走出家門就會先經過父母房，一來可問安，二來無形中自然減少往外跑的次數，落實古諺「父母在，不遠遊」的道理，當然維繫情感、留下美好回憶的家族出遊是例外。

　　假使父母並非同住一起，以一般三房格局來看，主臥室、小孩房之外，剩下的房間可作為多功能房，父母前來看孫子時就可妥善照料，平常可當儲藏室兼書房，朋友來訪又變成客房，規劃為機動性高的半開放空間。

　　因此，三房或四房的格局，開放式的空間規劃，為了往後可以獨立成房間，應該在一開始就預留一組獨立的空調設備，避免後續裝修困難。

　　所有的困難都不比親情迫切急需，一如小津安二郎藉長鏡頭悠緩叮嚀：優厚的薪水可以放棄，稱心的工作可以再找，親情卻不可以擱置，因為那是永遠的避風港，是黑夜中的明燈，無私地指引我們的生命之舟順利繞過暗礁險灘……

　　因為有設身處地的關愛，父母的背影將不再悲涼孤單，不再有「一個人生活，覺得日子都變長了」的慨嘆，這是身為兒女的孝敬義務，也是作為晚輩的溫婉責任。

孝親房重點在色調，可採暖色系營造溫潤自
然的感受，機能完備，安全優先，打造兒女
呵護備至的孝敬之心。

替父母設身處地的關愛，
這是身為兒女的孝敬義務，
也是作為晚輩的溫婉責任。

「人只有用自己的心才能看清事物，真正重要的東西，用眼睛是看不見的，必須用你的心。」
保有那顆純粹本真，靜靜聆聽並感受一如小王子的兒童式童言童語，那層柔軟內裡蘊藏的想像力和創造力，有我們早已遺忘的美善和誠懇。

### ⊙如果空間是一個人

當你對大人講起一位新朋友,他們從來不會提出實質問題:「他說話聲音如何啊?喜愛什麼遊戲啊?是否收集蝴蝶標本呀?」

他們卻問你:「他多大年紀呀?弟兄幾個呀?體重多少呀?他父親賺多少錢呀?」

如果你對大人說:「我看到一幢用玫瑰色的磚蓋成的漂亮的房子,它的窗戶上有天竺葵,屋頂上還有鴿子……」

他們怎麼也想像不出這種房子有多麼好,若是對他們說:「我看見了一幢價值十萬法郎的房子。」那麼他們就會驚叫:「多麼漂亮的房子啊!」

　　──安東尼・聖修伯里《小王子》


這是居住於小行星 B612 的小王子所說的話,一針見血地指出孩童和成人最大的差別,在於那份──純真。

所以當他看見房子本質背後的趣味,像是天竺葵的窗戶,綴滿鴿子的屋頂,以及玫瑰色的磚瓦,成人世界裡卻一概不理,只在意數字、金錢和名聲。一如小王子的醒世箴言:「人只有用自己的心才能看清事物,真正重要的東西,用眼睛是看不見的,必須用你的心。」

當然,我們可以不必是市儈的大人,而能保留那顆純粹的本真,靜靜聆聽並感受一如小王子的兒童式童言童語,那層柔軟內裡蘊藏的想像力和創造力,有我們早已遺忘的美善和誠懇。

「如果空間是一個人?你會用什麼語彙形容它?又會用哪些衣料裝扮它?」
「若是為了自己家中的小王子,你想要給他一間多大的想像空間?」

「如果空間是一個人？你會用什麼語彙形容它？又會用哪些衣料裝扮它？」

「若是為了自己家中的小王子，你想要給他一間多大的想像空間？」

我相信，取決的不會是成人思維，而是蹲下身來，從孩子的角度觀看世界，才有可能找到童話般的入口，走進去。

家中若有一男一女的孩童，可讓女兒房靠近爸媽的主臥室，獨棟透天厝則依據不同樓層的房間配置，基本上仍將女兒房設於後半段，取其大家閨秀的意味。男孩子則強調自主學習，避免心猿意馬，一天到晚往外跑，亦可於房間或書房擺設地圖、地球儀，啟發世界觀。

假使家中全是男孩或女孩，就可搭配生肖屬性，例如大生肖的牛、虎、馬，或是小生肖的鼠、兔、雞而有不同編宅，評估臥室的座落位置。

其實不管空間坪數多少，克服陽宅問題之後，還能利用櫃子補強，透過規劃和平面配置，讓坪比、坪效在合理範圍，孩子居住起來也能感受視覺趣味，創造親子間的美好互動。

裝修布置小孩房，事先思考日後規劃，著重低甲醛含量的綠建材，訂作的組裝型系統家具，根據使用狀況能輕易拆卸到另一空間繼續使用，環保又安全。

同時建議至進口連鎖通路添購相關軟件，等到孩子長大後，還可根據孩子屬性、偏好風格，再行裝修。

另外，預設往後房子想做系統櫃，需將樑柱高低納入考量，沒有事前規劃完整，大約 280 公分高天花板，放入 220 到 240 公分高的櫃子，浪費了中間的區塊。若拿來放置行李箱或冬天棉被倒也無不可，只是增加了藏汙納垢的地方，導致堆灰積塵。

現代人要求「慢活」，慢活對於居家型態並非指向慵懶、毫無作為，而是確定家庭生活所需之後，配置滿足需求且兼具功能的擺設，繼之享受隨興的簡單況味，針對空間發揮無限巧思，打造各種不同樣貌，翻轉小王子對大人的成見，讓孩子們不由得發出「多麼漂亮的房子啊」！

家，是王國、是世界、是樂園，更是一個用愛與關懷堆疊出來的堡壘，一輩子都需要的身心治癒處所，再奢華富貴的裝潢，沒有了愛都會顯得貧困窮乏。

愛的本質是什麼，是一種穿透人與人內心的距離，藉由設計師將這份抽象落實，於是成了家的樣子，真實體現在每一天的生活當中。

愛的本質是什麼，是一種穿透人與人內心的距離，藉由設計師將這份抽象落實，於是成了家的樣子，真實體現在每一天的生活當中。

# 長夜多靜謐：
# 臥床、床頭櫃

於社會、於工作、於課業……，人是群居動物，幾乎不能獨活，所以在每個生活環節上，都賦予不同角色維持一國家、社會、家庭常軌運作的重責大任。

都說休息是為了走更長遠的路，為了走向更遠的人生，休息便需要良好的品質，才能達到真正的放鬆，充足的蓄電，以及完全的續航。

## ⊙ 心無罣礙，無有恐怖

「睡臥的腳，不宜朝向大門！」

人云亦云之外，全家人睡覺的腳之朝向，建議不要朝向家中大門，一般而言是子孫面對往生者的民俗，然而這部分的忌諱主要是講房間，正朝向房門，就產生陽宅問題。

然而，究其原因還是在於人性的排斥作用，現代人生活壓力大，靜心休眠時刻，卻因不安全感而淺眠，若房門正對臥床方向，自然增生無形的恐懼。

突然想起《心經》闡述的大智慧：「依般若波羅蜜多故。心無罣礙。無罣礙故，無有恐怖，遠離顛倒夢想，究竟涅槃。」說的正是心的形形種種，一幕一幕如流動影像不斷掠過，看的見卻不可得，明白色即是空、空即是色的本空，也就了無罣礙；沒有罣礙，就沒有苦厄，淨空無見，自然也沒有恐懼。

自在睡躺，一如臥佛，心境寬鬆，入睡時刻跟著輕易自然，達到清淨之界。

就設計觀念來談，如果門在床的正前方的話，我會建議

誰不會休息，誰就不會工作。——法國哲學家笛卡兒（Rene Descartes）

將床左移或者右移，盡量不要正對，假設無法改善，再行評估改門。也可利用屏風等家飾，將門口跟床隔絕開來，作為一個隔離與遮蔽，亦可直接採用櫃子代替屏風，藉由側邊深度 60 到 70 公分作為遮蔽，會是比較節省預算的方式。

此外，風水老師認為「左青龍」、「右白虎」，經籍古書也強調辦公室桌亦同，才能「左右逢源」，因此傾向床的龍虎邊維持暢通，有助個人運勢。事實上換床單方便，對窗邊或牆壁的冷熱感也較不受影響。

回到睡覺這件事，最重要的，當然還是卸除一切思慮，「無無明，亦無無明盡，乃至無老死，亦無老死盡」，每回的睡眠等同於一次生滅，形形色色的花花世界，夢中和現實一樣精彩紛呈，唯有心無旁鶩，好好靜定休養，無驚無擾，讓人能夠好好充電，才是好眠。

自在睡躺，一如臥佛，心境寬鬆，
入睡時刻跟著輕易自然，達到清淨之界。

「心無罣礙。無罣礙故，無有恐怖，遠離顛倒夢想，究竟涅槃。」回到睡覺這件事，最重要的，當然還是卸除一切思慮。

陽光，輕灑落下，隨著薄透的窗簾布、百葉窗格，或是玻璃鏡面反射，物件於是有了輪廓，人也被影子凸顯出來，家的感受變得更加深刻。

一宿暢天地，良好的睡眠品質，可以安頓身心。

### ⊙陽光背後，樑下低點

陽光，就這麼輕灑落下，隨著薄透的窗簾布、百葉窗格，或是玻璃鏡面反射，物件於是有了輪廓，人也被影子凸顯出來，家的感受變得更加深刻。

這一切，都因為有光，有陰影。

然而「西照日」，似乎沒有那麼受歡迎。

其實，西曬的空間並非不好，若是廚房、廁所處於西曬位置，就能保持乾燥，廚廁不會潮濕生黴而危害健康。

儘管在陽宅配置上，或許位置不佳，但純就設計和地球科學的角度思考，西邊日曬的溫度，反而有助廚房、浴廁的通風和採光。

若是臥室床鋪的虎邊（右側）靠牆，會遇到西曬問題，午睡會明顯感到溫度過高，及至晚上下班回家，西曬那面牆因散熱未完而持續溫熱，等於該側牆壁一直有輻射熱能影響著我們。

再者，不論龍虎邊，假設龍邊（左側）設計現代感的整片落地窗，再將雙人床靠放窗邊，如果遇到颱風、刮風下雨、東北季風直吹，或是雨過天晴等日夜溫差，造成窗上玻璃凝珠露水，如此反覆冷熱的變化影響，於人體健康都是不利的。

過去前人只告訴我們該怎麼做，卻沒有辦法解釋理由，所以當陽宅老師指出「卦位」問題，先不要著急心慌，這裡可以嘗試用科學角度思考，採複牆工法進行改善。

從實務操作，複牆裡面塞入隔熱岩棉，就有靜音效果，還可

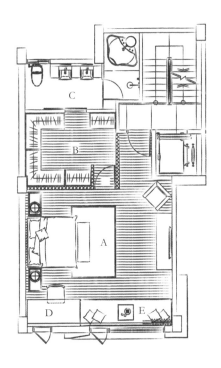

A：主臥室　Master's room
B：更衣室　locker room
C：主臥室浴室
　　Master's room bathroom
D：閱讀區　Kitchen
E：窗邊床　Storage

以利用貼壁布，營造房間風格。還需考慮牆面是否容易「受潮」，因此最好借助設計師的專業，透過工法與表面材料，或是挑選適當的窗簾材質克服問題。然而更高竿的做法，我則是在空調設備上使用「吊隱式冷氣」。

此外，床頭後面建議配放床頭板和床頭櫃，一來可以「有靠」，二來可避免直接接觸牆壁，遇到床壓樑時，藉由床板隔開空間，避免直接睡臥樑下，同時兼顧床頭不能空的原則，可說是一舉數得的良方。

倘若床舖有壓樑狀況，設計天花板的時候，請設計師先行在天花板上拉低基準點，將樑下接合窗簾盒做一個水平修飾，或利用線板、高度，透過高低差遮蔽橫樑，讓所謂的形煞、床壓樑，直接在視覺上消除，達到安心好居的條件。

休息是為了走更長遠的路，<br>
為了走向更遠的人生，<br>
休息便需要良好的品質。

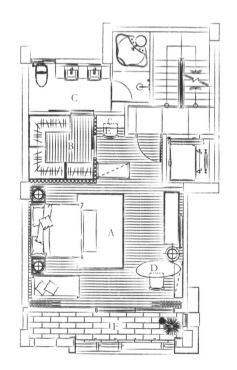

A：主臥室　Master's room
B：更衣室　locker room
C：主臥室浴室　Master's room bathroom
D：閱讀區　Kitchen
E：化妝區　Vanity area
F：陽台　Balcony

陽光背後，樑下低點，靜謐而美麗的長夜，等著讓人坐而忘憂。

一宿暢天地，良好的睡眠品質，可以安頓身心，提供每日新的能量補給，使身體器官和大腦細胞獲得充分的舒緩。

臥床，可說是人離夢境最近之入口，為了找到夢的入口，其實並不需要大費周章、白花氣力，只需要輕靈的軀體，如雪落的無聲思緒。

一如莊子所言「坐忘」功夫：「墮肢體，黜聰明，離形去智，同於大通」，在那陽光背後，樑下低點，再過去，再過去，靜謐而美麗的長夜，等著讓人坐而忘憂。

臥床，可說是人離夢境最近之入口，為了找到夢的入口，其實並不需要大費周章、白花氣力，只需要輕靈的軀體，如雪落的無聲思緒。

過去前人只告訴我們該怎麼做，卻沒有辦法解釋理由，所以當陽宅老師指出「卦位」問題，先不要著急心慌，這裡可以嘗試用科學角度思考，採複牆工法進行改善。

### 吊隱式冷氣

常見有壁掛式顯而易見，或者大樓中央空調則為隱藏式。吊隱式冷氣通常由集風箱再到出風口，我會透過冷氣的出風口跟迴風口，避免落地窗凝結露水的問題產生，利用空調規劃使居住環境更為舒適。

而所謂的「拉低基準點」的「低點」，要從地面上算起，距離一個窗戶到上樓板的距離，會影響到壁掛式冷氣或吊隱式空調的後續裝設，讓室內機得以順利排水。

床頭後面建議配放床頭板和床頭櫃，一來可以「有靠」，二來可避免直接接觸牆壁，遇到床壓樑時，藉由床板隔開空間，避免直接睡臥樑下，同時兼顧床頭不能空的原則，可說是一舉數得的良方。

2.6
幽森秘境

トイレには　それはそれはキレイな女神様がいるんやで、だから毎日キレイにしたら　女神様みたいに、べっぴんさんになれるんやで。

（廁所裡住著一位美麗的女神，只要每天把廁所打掃乾淨的話，就能變得像女神那樣美麗）

在我們擦臉洗頭之際，忽爾昨日，白髮蒼蒼，往事一如海潮陣陣翻湧而上，幸福的樂音似乎再度響起。

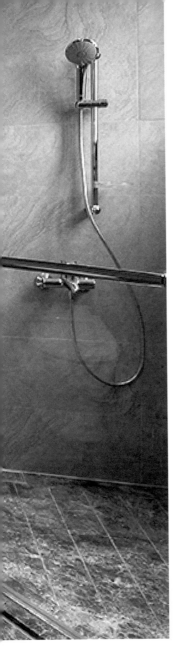

# 禮讚幽森秘境：
# 浴廁、更衣間

　　一首感人的日文歌曲，從打掃廁所的印象，憶起外婆對自己的疼愛……

　　如果說「廁所有神」，應該不僅止於乾淨而已，還有氤氳而莊嚴的情調；如果滴水能穿石，也許不同於滴滴答答直到天明的漏水聲，沐浴更衣沖洩的大量用水，經年累月的積聚，想必也有排山倒海之勢，足以撼天動地。

　　在我們擦臉洗頭之際，忽爾昨日，白髮蒼蒼，往事一如海潮陣陣翻湧而上，那首樂音似乎再度響起。

### ⊙禮讚廁室，轉化想像

　　浴廁是個與自我坦誠對話的地方，或許魔鏡裡真有一位女神，能映照出更真實的自我，挖掘內心潛藏的思念。

　　藉由禮讚浴廁，我們看見不同以往的角落，隱隱放光的美麗。

　　曾獲諾貝爾文學獎提名的日本「耽美派」文學大師──谷崎潤一郎曾說，東方喜好幽暗積聚之色，西方則偏愛太陽光線的重疊之彩，所著的美學散文《陰翳禮讚》更提出廁所的幽暗之美，充分展現「陰翳官能」的空間書寫。

日本「耽美派」文學大師——谷崎潤一郎曾說，東方喜好幽暗積聚之色，西方則偏愛太陽光線的重疊之彩，所著的美學散文《陰翳禮讚》更提出廁所的幽暗之美，充分展現「陰翳官能」的空間書寫。

我們試看這段充滿詩意迷濛的場域描繪：

日本的廁所一定建在離主屋有一段距離之處，四周綠蔭森幽，綠葉的芬芳與青苔的氣味迎面飄漾。……蹲在幽暗的光線之中，沐浴在紙門的 微弱光線反射下，不管是冥想沉思，亦或眺望窗外庭園景色，讓人在閒寂的四壁與清幽的木紋圍繞下，雙眼盡飽藍天綠葉，那種心情，難以言喻。我喜歡在這樣的廁所中聆聽絲絲雨聲，雨滴由屋簷或樹梢落下，濺落在石燈籠底座，打溼石上的青苔，再滲入泥土之中……

谷崎潤一郎似乎善於用文字詩化一切，懂得「忘卻時光荏苒，不覺歲月流逝」，享受當下氛圍，即使是印象中的不潔之所，反成了花鳥風月、清幽庭園的雅致之境，不僅宜於月圓深夜，也適宜尋常時分，如廁成了一種優雅思維。

就設計觀念加以討論，古人將茅房或澡堂設在屋外，追求天人合一，自然又愜意，只是全盤移至稠密的住宅區，似乎不符合現今規劃，這裡可以藉由調整空間和光線配置，縮小格局比例，也能營造出閒寂清雅的森幽秘境。

藉由禮讚浴廁，看見不同以往的角落，隱隱放光的美麗。

現階段的部分建案，傾向當層排氣，利用現代科技產品「五合一的排風扇」，具備排風、換氣、除濕、照明、暖房等五大功能，直接於該層進行排風，避免回流風險。

此外，廁所設置重點，還要避免直接面對睡床，人的肺臟就像是空氣清淨機，八至九個鐘頭的放鬆舒眠，難免吸入洗手間過多的穢氣，像是阿摩尼亞、氯氣或濕氣，對於健康並無益處。

加上天冷時刻，待在浴室的時間相對變長，若是沒有保持對流通暢的對外窗，一場熱水澡洗下來，無形中氧氣稀薄，二氧化碳等有毒氣體增加，可能導致暈眩或其他身體危害，不可不慎。

所以，主臥室的浴室若無對外窗，就設計思考，首要需注意大樓排風扇是否排出屋外，即使沒有窗戶，還是能通過管道間一直排到頂樓，屬於較為傳統的工法，「管道間排氣」的缺點是，當樓下有人抽菸，菸味也會透過窗戶或管道，往上飄進樓上和屋內。

現階段的部分建案，傾向當層排氣，利用現代科技產品「五合一的排風扇」，具備排風、換氣、除濕、照明、暖房等五大功能，直接於該層進行排風，避免回流風險。

那些聞不見的森幽，看不到的氣流，關乎生活美學的品味，除了藉由設計加以改善，還需要一顆對於美感的敏銳度，轉化想像，禮讚幽暗，浴廁也能變身為珍貴而莊重的殿堂。

藉由調整空間和光線配置，縮小格局比例，也能營造出閒寂清雅的森幽秘境。

當陽光引進屋內，隨著水流順勢而起落，也為自己的內心滌洗出更為清新的靈魂。

### ⊙明室更衣，暗房穿行

身為觀看者，我對攝影只有情感方面的興趣，我希望探討這個現象，不以問題討論之，而以傷口看待之：我看見，我感覺，故我注意，我觀察，我思考。

——羅蘭·巴特（Roland Barthes）《明室·攝影札記》

一張照片，到底能蘊藏多少故事？
一間明室，到底顯露多少線索？
一個暗房，又能隱蔽多少祕密？

拍照和照鏡，有著同樣的瞬間感，將時空凝結於觀看的當下，歸結到所有影像的共通本質——「此曾在」，納含令人無限追想的甜美夢幻。

《明室》作為羅蘭·巴特生前最後一本書，實驗性探討「明室／暗房」的攝影理論，我想把它延伸至空間理論來談，這層攝影／被攝影、觀看／被觀看的經驗，似乎還可提高至「為藝術而藝術」、「為空間而空間」的觀念啟示。

「暗房」因其「暗」而有其壞處，那麼首要解決之道，便是保持內部明亮。回到科學角度和生活習慣思考，該處也是灰塵、毛髮、髒亂聚積之地，確有衛生之虞。

不論是沐浴、如廁或更衣，都為了洗盡一天的勞頓疲憊，褪去衣物，卸下束縛，作為檢視自身的重要處所，有其不可忽視的健康需求。

屋宅格局裡的「房中房」，即所謂的「暗房」，東方避免三角形，西方避諱五芒星，就是基於不齊全稜角，屬於容易聚陰，累積穢氣的所在。

羅蘭·巴特則提出：「明室（Camera lucida），是一種比攝影更古老的描像器名稱，藉著可以透過一三稜鏡來描繪一物，一眼看著被畫對象，一眼看著畫紙。」這裡的「一三稜鏡」似乎就是一種描像器，可以較為精準描繪出人的型態。

既然「明室」作為影像的輸出投映，隔著相機一層層透視出去，不也如同「房中房」格局？

若能依此跨入屋宅的「暗房」，進一步思考：「我的身子對空間的有何認識？」至此，就可跳脫「為穿衣而穿衣」的單純實用性，一如更衣室不顯露又表露，讓人自在於穿衣鏡前方展示裸坦身體，再隨之穿戴整齊，作為私密情感的投射，在我們理容貌、正衣冠的同時，藉以撫慰身心靈，完成一場暗房穿行的追尋之旅。

就陽宅的角度來看，「暗房」因其「暗」而有其壞處，那麼首要解決之道，便是保持內部明亮。回到科學角度和生活習慣思考，該處也是灰塵、毛髮、髒亂聚積之地，確有衛生之虞。

雖說需讓暗房有光，但總點盞燈在裡頭，似乎也有些奇怪。因此在設計上，可將更衣室入口的開口面積，盡量留有較多空間，或搭配穿透感佳的材質，應用於入口處，猶如攝影打光，讓室內光線自然流瀉其中。

不論是沐浴、如廁或更衣，都為了洗盡一天的勞頓疲憊，褪

我們藉更衣室理容貌、正衣冠，完成一場暗房穿行的追尋之旅。

雖說需讓暗房有光，但總點盞燈在裡頭，似乎也有些奇怪。因此在設計上，可將更衣室入口的開口面積，盡量留有較多空間，或搭配穿透感佳的材質，應用於入口處，猶如攝影打光，讓室內光線自然流瀉其中。

去衣物，卸下束縛，作為檢視自身的重要處所，有其不可忽視的健康需求。

美國人習慣把更衣室做在洗手間前方，更衣後可直接進入浴室洗澡，這樣一來，我傾向把浴室門改成噴砂透光的玻璃門，甚至是透明玻璃門，讓浴室對外窗或隔間的採光，自然引入更衣室，就能離暗得明。

再者，可使更衣室的空間變亮，補足陽光不足問題，加上陽光紫外線可殺菌，當陽光引進屋內，配合整體通風，創造簡單美的居家情懷。

谷崎潤一郎：「美並不存在於物體，而在物體與物體間的陰翳與明暗之間。」

這層乍明乍暗的智慧，似蛾若蝶輕拍的羽翼，隨著水流順勢而起落，也為自己的內心滌洗出更為清新的靈魂。

## Design view

### 五合一的排風扇

現今的五合一排風扇有排風、換氣、除濕、照明、暖房等五大功能。走廊浴廁牆面立面設計時，可以做暗門或推拉門，於空間視覺上較為美觀，又可多一道門片擋住穢氣，屬於細緻作法。

空間　隱身紅塵的家樂園

搭襯

PART 3

STYLE

動心出發，找到新舊元素並存的諧和感，
平衡身心靈的處所。

# 悠然神往的
# 開放空間

我常在思考，如何重現一種對家的溫馨渴慕，進而打造出一處舒心自在的居所？其中，也許要有令人悠然神往的模樣，還需要具備能夠辨認幸福的獨特輪廓。

玄關，走入家門的第一道風景，藉由我的精心規劃之下，不只讓回家或出門時都能擁有好心情，更能讓親朋好友留下美好的第一印象。

從陽宅學的專業來看，開放空間包括了客廳、餐廳、廚房，此外還有神明廳、視聽室、衣帽間、儲藏室。然而談及所有開放空間之前，玄關是一道橋梁，銜接了裡與外，彷彿心靈空間的「過門」，On 和 Off 的開關切換。

人自門裡來，人往門裡走，隨處有氣流，因而玄關所衍生的格局好壞，最常被討論到的是穿堂風。

當三個門同在一個線上，形成三個氣口，加速空氣對流的力量而構成煞氣，有人稱之穿堂煞，也喚作一箭穿心煞。

設計的同時，要思考陽宅問題，透過提出問題之後再行找出解決方法，這就是設計，如同建物客廳為了採光而規劃的大片落地窗，假使誤判為穿堂風而擋起玄關入口，使入口方位轉向，即會有「轉欄」因果；前因未知後果，沒有弄清楚家中方位問題，反而無法真正藏風聚氣，甚至阻擋了財神爺。

此外，堆滿雜物的玄關，無形中影響個人運勢，可將鞋櫃和展示櫃分隔開來；至於放上一幅鏡子拼湊的藝術品、

展示牆，雖可彰顯裝潢氣派，其中的分割線投映出的破碎身影，隱隱然劃開人形，導致元氣四散，對住家來說並非好的設計。

另有一說，放置一個展示兼收納鞋物的綜合櫃，財神會因氣味的干擾而不願降臨。以上雖可作為笑談，其中鞋櫃門關閉時的空氣流通，是否加裝排風扇，卻是需要考慮的細節。

至於整容鏡、穿衣鏡置於玄關仍有其必要性，可以隱藏門片後方，或是採推拉門型式拉拖，若嫌麻煩，擺在門的側邊不失為一個好方法。事實上大樓起造之時，建築師通常會把柱子結構設計在玄關旁，每戶每戶的門則挨著樑柱結構，因此大部分門旁會有一根柱子，此時的假柱若無收納功能，就可順勢而為作成穿衣鏡。

設計師畫龍點睛的神奇功力，從細微處著眼，根據柱子深淺度，達 65 至 70 公分作為衣櫃，40 公分則作為鞋櫃，依著完整方向加以修飾，延伸之外的展示櫃跟鞋櫃將不影響使用性，穿衣鏡則安然立於玄關身側。

開放空間，還會提及門拱跟門斗（閩南語直翻而來），門拱跟門斗可假想成歐式裝潢的門框，就像法國凱旋門的拱形，或是東方設計的小南門、東城門，都是作為馬車或民眾通行的檢查哨。所以取其義，可於玄關處做一個斗栱，作為一個空間界定。

從陽宅理氣看玄關，不能不提轉欄，若是開放空間中不想有所遮蔽，可以採門框區隔內外空間，透過這種裝修方式，還可節省

玄關是一道橋梁，銜接了裡與外，彷彿心靈空間的「過門」。

人自門裡來，人往
門裡走。玄關，走
入家門的第一道風
景，藉由我的精心
規劃之下，不只讓
回家或出門時都能
擁有好心情，更能
讓親朋好友留下美
好的第一印象。

預算。當玄關處的天花板相對較為偏高，或是玄關地面和
室內有所落差，假使來得及「客變」，或有足夠預算進行
裝修，最好讓玄關地面比室內要低一些，從科學角度分析，
才能形成一個落塵區。

　　人們從戶外進到屋內時，鞋子上的沙泥會在玄關換穿鞋
襪的同時，直接於落塵處掉落、沉積。再之，以民俗觀點
解釋，還有步步高升的意涵。

　　開放空間是界定內外的過渡所在，自外面世界踏入屋內
的第一感受。回家可以找到真實自我的初心，再踏出去，
又能重新揭示美好的起始。

　　也許我們不必再探手而夢寐以求，就能在家屋的鏡子中，
辨識到純粹的自我。

# 情感之橋，喘息之窗：
# 走廊和陽臺

一個寧靜悠然的空間，是愛與和平的泉源，更是在繁雜生活當中新生的力量。

讓我不由得想起諸葛亮《誡子書》這句話：「非淡泊無以明志，非寧靜無以致遠。」

每一天在家中來回穿行的廊道，以及透過陽台映射出的陰晴圓缺，那些點點滴滴所串起的時刻，成了我們計量日常最無可或缺的儀式。

### ⊙廊道，情感的迴旋

走廊，全家福照片的最佳展示天地，象徵著「Father and Mother I Love You」（Family）的關係延伸。過去我們都認為，多子多孫好福氣，因此照片中若能有三代同堂、四代同堂，甚至是五代同堂的全家福畫面，這份和樂圓滿也會使所有人同感欣慰。

諸如開枝散葉、子孫綿延、江山萬年、代代有人等「子嗣」的吉祥賀語，但「人丁」和「窗口」可不能劃上等號。

每一天在家中來回穿行的廊道，以及透過陽台映射出的陰晴圓缺，那些點點滴滴所串起的時刻，成了我們計量日常最無可或缺的儀式。

任何「三個口」所構成一個品字，會是比較不好的格局，就陽宅學而言，房門屬於氣口，三個門就有三個氣口出入，進出多就會散亂，氣不順人則不安。

家中走廊若有三個「開口」相近，即稱之為「品字門」。

任何「三個口」所構成一個品字，會是比較不好的格局，就陽宅學而言，房門屬於氣口，三個門就有三個氣口出入，進出多就會散亂，氣不順人則不安。而且三個口，就隱含人多嘴雜之意，家人較容易逞口舌是非，都是無法妥善配置「理氣」的必然結果。

回到科學角度來談，如果一條長長廊道中依序經過一個書房門、主臥室門、浴廁門，三樘門即成「品字門」，其實這也是比例原則問題，當門與門之間太相近，你開門、我開門，就會人擠人或撞成一團，使人、空間、氣流全都糾結於斯，自然無法有好的發展。

此時，只需將洗手間做成隱藏式的門，即是快速化解的方式之一；若是遇到三個門都屬房門，可將其中的書房門直接拿掉，成為無門框的開放式空間，等於將門的有限概念化於無形，有助於達到視覺、動線、空間和氣流的柔和延展。

此外，關於大門、房間門、廚廁門應有相對的比例設置，三者高度和大小的理想狀態，分別以大門最大最高、房間門次之、廚廁門最小，因為廚廁屬聚陰之處，建議廚廁門小一點較為理想，而廚房門和廁所門可一樣大。

不過現今建案格局大多採開放式廚房，以中島、吧台為主。若是如此，只需留意廁所門，採用推拉門、拉摺門的暗門式設計，除了美侖美奐，還能避免品字門的缺點。

廊道，作為情感的迴旋，其中最為可貴的，仍是關愛的無礙傳遞。

## Design view

### 端景設計

一條長廊盡處所形成的那堵牆，稱作「端景」，如何讓終端的牆面不只是牆面，其實並不困難，一般作法會壁掛一幅畫，做視覺上的延伸，或發揮巧思設計為收納櫃、展示牆，材質有木質、石頭、進口磚、玻璃等，可依情調營造而選擇，隨後架上藝術燈具，當一束投射光打上來，便成為一幅充滿人文氣息的畫面。

走廊，全家福照片的最佳展示天地，象徵著「Father and Mother I Love You」（Family）的關係延伸。

現今建案格局大多採開放式廚房，以中島、吧台為主。若是如此，只需留意廁所門，採用推拉門、拉摺門的暗門式設計，除了美侖美奐，還能避免品字門的缺點。

將門的有限概念化於無形，有助於達到視覺、動線、空間和氣流的柔和延展。

　　值得留意的是，廊底房間不宜長住其中，作為廁所可以採隱藏式門擋掉，因而不受影響，如果是臥室應改成開放空間，可規劃成琴房、視聽室，或是書房、起居室，作為孩子放學後的伴讀空間，同時讓空間配置多些彈性。

　　若能妥善運用較為寬闊的走廊，設計琴房、有沙發，可供休憩、伴讀等用途的起居室，動線規劃得當之下，除了能發揮最大的空間坪效，每當我們通過走廊的時候，會感到從廊道所合併進來的開放空間，竟是如此寬敞怡人，生活質感不因走廊而有所怠慢。

　　因此，廊道空間設計需要因地制宜，並根據現場屋況採取不同手法，像是「破調」，即是把長廊分成兩至三個方形，先將天花板往上抬升，可降低走廊太長的感受，走廊天花板的高低差，可增加律動的美感，也能利用高低差斷出空間，打破品字門格局。

　　針對技術上，為了維持房門高度的一致性，可藉由房門包框造形的寬度大小進行調整。

　　其實簡單的門簾即可破除品字門，然而無需矯枉過正，將三個房間都掛上門簾，反而造成突兀感。除此之外，比方說女孩房或父母房掛門簾，三房中一房掛有門簾，讓門和門不要直接相對就好。

　　若三門之中，兩個房門一個浴廁，受限於預算與時間無法製作暗門，我建議將門簾掛於廁所較為加分，同時能有美化效果。

　　廊道，作為情感的迴旋，不只為了空氣的順流，其中最為可貴的，仍是關愛的無礙傳遞。當記憶迎面走來，將牽起過去、現在與未來……

當記憶迎面走來，將牽起過去、現在與未來……

⊙陽台，喘息的綠洲

紐約 DNA 工作室（Atelier DNA）創造「風桿」（Wind stalks）地景藝術作品，感官詩人——黛安‧艾克曼（Diane Ackerman）《人類時代：我們所塑造的世界》這麼描述：「這個俗世之外的綠洲吹起如魔咒般的和風，讓設計師的敘述散發出難以抵擋的閒適和渴望⋯⋯」

因而，讓我不免充滿期待，針對每個建案，對於陽台地景的設計，能達到多少綠意的閒適與渴望？

陽台也能視作微棲地（microhabitats），以乾景或濕景園藝為規劃考量。

一般大樓外觀講求氣派，加上偏好在前陽台上種植植栽，很多大樓公設會加設噴灌系統，採定時自動噴灑澆水，即是「濕景」。

室內設計師著手的「乾景」園藝，則以盆栽為主，半弧形不夠方正的陽台，可用一些南方松或者鐵刀木往前延伸，施作一個方正的平台，原則是要在陽台落地窗等寬的位置，取一個方正明堂的格局，剩下空間可以鋪放一些鵝卵石或小花小草。

假山假水大多做在頂樓、前陽台居多，考量到方位和造景流水各方流向，前陽台建議預留插座，不只可做園藝造型燈飾，作為大戶人家的「長明燈」，或是接上定時開關器，安裝宮燈做乾式園藝，即能營造出觀景氣氛和層次，心靈獲得療癒之時，一日壓力跟著減輕，並得以紓展開來。

頭上有所遮蔽者，稱之為陽台，前陽台是客人往來必經之處，後陽台提供屋主曬衣納被之工作場域。因此，前後陽台各含有接迎貴人、聚庫納財之意味。

陽宅學認為，前陽台看主人家事業，後陽台看子孫發展。

然而，陽台不純然是為了運勢走向而存廢，還代表一份清新的追求，賞心的悅目。

走進後陽台，通常會看到一個廚房門、一個室內窗，可於房間內加做直式柵欄或橫式百葉窗，並再加做一窗氣氛布簾，就能折射掉熱水器、空調室外機和陽台衣物。

此外，這也會牽涉到社區大樓將冷氣空調的室外機，安裝或壁掛在後陽台外側（通常室外機不會放在前陽台），室外機產生的低頻振動，通常會對人造成些許影響，建議在機體外側加做鋁百葉或鋁窗，雖然無法改善運作的低頻聲響，至少能改善美觀問題，亦可以隔絕氣味。

當心靈獲得療癒之時，一日壓力跟著減輕，並得以紓展開來。

**陽洗台**

係指在陽台的洗手台,簡稱陽洗台,有些陽洗台還會附設洗衣板。

陽宅學認為,前陽台看主人家事業,後陽台看子孫發展。

然而,陽台不純然是為了運勢走向而存廢,還代表一份清新的追求,賞心的悅目。

當俗世之外的綠洲吹起和風，那份閒適和渴望，將令人難以抵擋。那陣風，讓回家之始，有了心靈上的寧靜與安適。

針對其他設備的考量細節，有些大樓棟距過小，棟與棟之間距離接近，鄰居之間容易探見對方，缺乏隱蔽性，可安裝強化材質的防盜窗，冬天天冷加上樓高風大，同時需預留熱水器強制排氣的管道寬度，以免窗戶玻璃上還要開孔。

建設公司或機電技師於規劃設計圖的時候，基本上會預留排水設備、洗衣機的電源插座等，除此之外，體恤辛勞的家務者，建議再加上熱水給水，冬日於「陽洗台」清洗小衣物能避免雙手受凍。再者，有些客戶的烘衣機採瓦斯型，就得預留瓦斯管線，或提供冷凍庫使用的 220V 獨立電源。

除了上述以外，我認為設計上極重要之處，是相關淨水設備的裝設，安裝在後陽台，還能便於濾心保養更換。添購全戶式濾水器，可保障家中用水安全，所有冷熱水管可以先進行清潔把關濾淨後，先濾掉雜質、泥沙，透過淨水過程，洗頭髮、刷牙、煮飯使用的水，至少都濾過一次，安心使用，安心生活。

當前建築師有時會利用錯層規劃，將整棟大樓規劃出「陽台錯層」：二、四、六、八、十樓的陽台在右，三、五、七、九、十一樓的陽台在左，因此陽台成了沒有屋頂的露台形式。

頭上毫無遮蔽物的露台，直接見天，屋主常會把獨棟後院外推加蓋廚房，如同大樓陽台外推一般。

儒家主張，敬有敬人、敬事、敬業、敬天，敬天者謂之誠。

露台牽涉到「敬天敬地敬鬼神」的信仰背景，關於灶或馬桶之類的設施不宜直接對天，需嚴格避開，現今部分新手設計師或屋主覺得有趣，採用小馬桶造型的園藝裝飾，或是露台上方只用玻璃採光罩作為

遮蔽，讓陽光直接照射到屋內爐灶，並不是成熟的設計，也少了
份對大自然謙卑的態度。

　　當格局考量到寸土寸金的現實，有時候會省卻陽台，或是擠
壓走廊空間，但是做為一個舒適宜居的家屋，有個可以和日月星
辰接軌的陽台，以及緩步慢行的廊道，聆聽風聲、雨聲、鋼琴聲、
讀書聲，當俗世之外的綠洲吹起和風，那份閒適和渴望，將令人
難以抵擋。

　　那陣風，讓回家之始，有了心靈上的寧靜與安適。

加拿大醫學家奧斯勒（Sir William Osler）有句名言：「我們要盡可能為生活增加一點東西，而不是從中索取什麼。」

客廳作為一處暢所欲言的迎賓場合，當然需要充滿對話的興味，這份開口的語彙，讓友誼越走越陳，越陳越香。

# 迎賓，暢所欲言：
# 客廳

　　客廳是招待三五好友進屋，第一個敞開雙臂迎賓的場合，格局陳設在在象徵主人的生活品味，我們用沙發、電視等擺設一一堆砌，盡可能為它增加耐人尋味的厚實感，盼望從中取得的，是至親好友的欣賞與回應。

### ⊙裝置，都是為了家的對話

　　建築，是為了瞭解人類而存在的裝置。──安藤忠雄這麼解讀硬體建築，探究背後沒有說的內蘊，其實是人和建築、和空間，以及和家的對話。

　　客廳作為一處暢所欲言的迎賓場合，當然需要充滿對話的興味，這份開口的語彙，除了彰顯「人」的存在價值，「物件」的配置觀點，當然還包含了談論「事件」本身的意義，如此三位一體，才讓對話源源不絕，友誼越走越陳，越陳越香。

　　沙發，可說敞開胸懷暢談，或是觀賞一部好電影的一方天地，最重要也最實用的傢俱擺設物了。

　　款待友人來家作客，營造舒服聊天環境，L型的沙發或三加二的沙發都是不錯選擇，差別在於L型沙發，45度角擺茶几的位置會被沙發佔據，為了改善L型沒有財位的限制，可採星級飯店的窗簾包框，利用包框製作法，於包框同時預留一點空間，設計間隔、層板，就可以在上方擺放水晶洞、鹽燈等招財小物，一方面增加收納空間及陳設平台，一方面滿足財位招財需求。

沙發，可說敞開胸懷暢談，或是觀賞一部好電影的一方天地，最重要也最實用的傢俱擺設物了。

　　「君子愛財，取之有道。」無論信仰如何，相信大多人都希望簡單運用擺設，輕鬆達到招財納庫之目的。

　　大致上說來，大門開啟的左右側 45 度角之處，正是所謂的明財位，空間比較小的房子，如果有大面積落地窗，可選擇在落地窗上，貼上完全不透明的大樓隔熱貼紙，形成一堵隔牆，財位自然不漏空。

　　假使後方緊鄰著開放式書房，客廳加上書房相連的落地窗或窗戶，在這之間約 100 至 120 公分的牆面，就可以包窗框合併作成展示台，擺放招財法寶，讓財源福氣滾滾而來。

我們用沙發、電視等擺設裝飾家居，盡可能為它增加耐人尋味的厚實感，盼望從中取得的，是至親好友的欣賞與回應。

裝置的內蘊，
其實是人和建築、和空間，
以及和家的對話。

### 關於招財納庫的小設計

有時候新居入宅之時會提一桶錢水，裡面放吉數銅板和陰陽水，較為考究的人會用紅色水桶裝盛，再放入一些煮開的開水跟未煮開的生水，天微亮時，加入一些露水增強能量，在新居入宅的同時，誠心提進屋內。

入宅發財水，可擺在財位方，帶有「取之不盡、用之不竭」意涵，我通常建議朋友買個大容量寶特瓶，把錢放進去，放在看不到的地方，等想到它的時候，它已經適應家中環境、氣場與陽光，再用紅紙把寶特瓶瓶口包住即可，其實招財並不需要那麼大費周章，想到即做，沒有特定時間，一切順其自然，有拜有保庇。以上，僅作為嘗試與參考。

### ⊙傳遞一百瓦的熱能

陽宅學認為，沙發背有實牆，即有靠山。

有時候沙發後接著開放式書房，並無實牆可靠，可能要改為和大門同方向，才有辦法靠在牆面，此時沙發成為面向家中，有人認為看不到門沒有安全感；有時空間狹小，將沙發面向大門，又像是管理員的感覺。

如果能結合科學設計角度，調整兩處靜方，當後方書房非開放式，就有一道隔牆，隔牆前方擺放沙發，即可面向大門，動見皆觀瞻。

最好的方式，還是建議屋主取個小凳子坐下來，兩邊都坐定看一看，哪邊的視野景觀覺得舒服，選擇自己較為喜歡的朝向做擺設，一旦好景舒心，自有好事相迎、好人相逢。

一般陽宅看方位、看廚廁、看大門開門座向，不單看沙發擺設方位，加上考量電視牆和玄關區域上的平面配置，做為整體室內規劃的依據。

說到電視，可以從映像管時代，再到平面式 LCD、LED，如今又邁入新紀元，已經出現海灣型電視，電視牆如何規劃，線材如何隱藏，種種考驗意味著設計手法各個層面，又面臨新的挑戰。

再者，音響設備也從過去錄影帶的三色色差線、同軸音源線，一直到現在的 HDMI 線材，一條即克服所有問題，而音響揚聲器的走線，則建議客戶接受藍芽無線設備，符合陽宅學理論派認為多線不宜，現今科學技術都可有效改善。

關於 Wi-Fi 上網的弱電箱，大部分座落玄關處，然而從玄關到主臥室通常有一段距離，Wi-Fi 主機放射狀的服務區塊，使得四分之三的訊號都在屋外，相形之下，導致屋內多處收訊不佳。

此時，可請設計師把網路線跟電源插座，安置在屋內居中處，像是走廊、客廳或客浴等其中一處的天花板上面，一來便於維修檢測時，不需進到房內，二來利用無法使用的空間放整機體和配置線路。

除了傢俱擺設，客廳中不宜擺放假花假草、也不宜懸掛鏡子，陽宅學認為「假意」之感容易招引小人、有財運不繼的情況。

當我們撇開運勢和格局之說，作為圍聚談天之處的客廳，色彩關乎氣氛感受，不同方位可用不同色彩裝潢予以加分。

據研究顯示，當人們圍攏在一起，人體能發出約一百瓦的體熱，這份溫暖的火光，來自融合與團聚，相信是自然界給予人類最大的啟示。

「真正的家，是人類最美好的理想。」建築大師萊特（Frank Lloyd Wright）這麼解讀，一個理想共聚的客廳，將會是美好實踐的起點。

據研究顯示，當人們圍攏在一起，人體能發出約一百瓦的體熱，這份溫暖的火光，來自融合與團聚，相信是自然界給予人類最大的啟示。

吃飯，吃的不全然只
是滋味，也為了吃出
親情，品味故事。

# 食之有味：
# 飯廳、廚房

### ⊙ 飯廳，記憶燃光之處

舌頭是接觸食物的第一道關口，它作為胃的接收前哨，心的懷想投影。

吃飯，吃的不全然只是滋味，也為了吃出親情，品味故事。

華文作家章小東以舊時廚房的紅磚色當作封面，寫下《吃飯》一書，說道：「過去的味道，小時候的味道，我自己的味道。我找到了吃飯，卻丟失了味道，這是我在異鄉的長夢裡常常出現的味道。」

由此可知，藉由食之滋味，讓人走入記憶的甬道，重現長夢裡縈繞懷念的味道。而百味匯生之所，正是由微微燃光的飯廳而來。

飯廳主燈，是凝聚整個用餐氣氛的主角，主燈選擇所講求的色溫跟照度，影響到飯桌菜餚是否兼具色香味。

飯廳主燈，是凝聚整個用餐氣氛的主角，主燈選擇所講求的色溫跟照度，影響到飯桌菜餚是否兼具色香味，不論黃光或是白光，建議使用畫光色源，即最接近自然的太陽光，期許視覺接收較為光明自然的色調。

要注意的是，選擇燭台燈，要避免容易犯忌諱的古典燭台，以及蠟燭形狀，才不會有緬懷先人之感。

燭台燈還可採鎖在牆壁上的壁燈形式，有時候餐桌主燈會有水晶燭台形狀，需留意不要選擇反射不出水晶質感的燈具，如黑燭台或深色水晶款式。同時藉由多數陳設能呈現溫婉或華麗宮廷風。

陽宅老師認為，水晶燈蘊含能量，除了凝聚焦點，另能提升整體空間能量。假使預算足夠，盡量選擇透度跟折射率較高的水晶，一盞燈可以散發出無數細微能量，提升家居氣場。

然而是否能作為餐廳主燈，還得取決居家坪數大小，如果坪數得當，建議客廳先安置一盞大的水晶燈，餐廳則選擇吸頂的餐吊燈，做一個比例大小的選配。

如果居家格局適中，為了凝聚家庭用餐氣氛，餐廳選擇一盞溫馨的餐吊燈即可，客廳則用其他燈種呈現設計風格，同時兼顧空間大小跟照明計劃。

如果想走低調奢華風格，猶可選擇大盞布燈，營造人文氛圍。

然而琳瑯滿目的燈具，著實難以取捨，此時可依據天花板的風格，再來選擇適合的嵌燈，整體設計才能呈現一貫明亮優雅。

談到天花板，除了燈具選擇之外，還需要留意空調規劃，不

品嚐食物的真味，
感受記憶燃光的深處，
那股縈繞滿懷的溫暖。

管是壁掛式或吊隱式機器，都需要考量風向直吹飯菜問題。

當空調置於餐廳，盡量以下吹方式為主，才能避免直接吹到餐桌，以及正在用餐的人，才是一個妥適安排之舉。

如同房間一樣，要避免空調出風口正對著人；飯菜再好，燈光不美、氣氛不佳，加上空調錯誤規劃導致冷菜冷飯，對於居家情感維繫，或是款待來客嘉賓，都不會是一處好的饗食天地。

如果家中鋪設木質地板，但廚房難免潑撒湯湯水水，難免滴落於地，現今也有仿木紋磁磚可以替代。

此外，地坪拼貼也可以是一個區隔空間的好設計，如果玄關地坪貼磚跟走廊拼花是同一方向，抵達餐廳區可換另一方向，或者透過滾邊做法，都是一種細微處的空間界定。當然，不以高低落差作為區隔，還能避免疏忽而造成踩踏危險，傷及腳趾甲或令家中年長者跌倒。

再從陽宅學觀之，廚廁屬於聚陰之處，理論上廚房的地坪降低比較好，同時也便於刷洗地面。

開放式廚房跟餐廳，也可以透過地板做一系列地坪規劃，透過磁磚走向、材質、表情，作為空間的區分與界定。

這些細緻的動線標示，都是為了禮遇用餐人，便於通往飯廳，品嘗食物的真味，感受記憶燃光的深處，那股縈繞滿懷的溫暖。

藉由食之滋味，讓人走入記憶的甬道，重現長夢裡縈繞懷念的味道。而百味匯生之所，正是由微微燃光的飯廳而來。

Design view

## 吊隱式冷氣配置法

客餐廳中間，往往會有大小不一的橫樑，橫於天花板之上，高度夠的話，建議把客廳吊隱式空調挪到餐廳的一側，一方面利於往後的機械維修，二方面是餐桌的一側通常不太有人走動，因此預留一個維修孔，以及採取下吹出風口是較為恰當的做法。此外，可分別把客廳跟餐廳的主機，統統置放於餐廳天花板上方，畢竟一般都是坐著用餐環境，對於高度的要求較寬鬆，有時考量居家動線行走時的無壓迫感受，通常要求客廳保持一定高度或挑高，如果少掉一個室內機約 40 至 50 公分高度，天花板總高也有三米，把室內機放置餐廳中，一加一減之下，高度就相差許多，讓空間有放大效果，這樣一來，客餐廳的天花板高度比例，加上燈光設計之後，營造出較為舒適的整體居家環境。此外，飯菜受風直吹或機器配置等問題，都可一併被整合。

「治大國若烹小鮮」，其中的恰到好處，不能過頭，也不能缺位，說的亦是人生取捨之道。

### ⊙廚房，魔幻香氣之境

有的人忙東忙西，家裡亂七八糟，沒在廚房做過一頓飯，那也是他的人生。——吉本芭娜娜《食記百味》

廚房，一處魔法師的秘境，充滿香氣滿溢之所。

當然，就算廚藝不精，沒法在廚房好好做出一頓飯，也渴盼那份香氣，總是從隱約火光處不斷蔓延的飄香人生。做不成大廚，就當名稱職的食客吧！

想要烹煮出美味料理，重點需要讓掌廚者能甘心烤火，俐落備料，揮灑帶勁。

因此廚房的三角動線，正是所有設計師難以規劃的部分，所謂的三角動線，是指冰箱、灶、流理台這三大項目，能考量如何順當流暢從冰箱取物，進入食材處理工作台，再到爐台蒸煮炒炸烤，一氣呵成，勢如「庖丁解牛」之姿，毫無窒礙冷場。

「治大國若烹小鮮」，要能留心佐料、掌握火侯，食材本身的鮮純更為關鍵。其中的恰到好處，不能過頭，也不能缺位，說的亦是人生取捨之道。

因之，為了讓坪效達到最大發揮利用，建設公司考量建築級數之下，不太可能做成 L 型或ㄇ字型，多半以一字型為主要設備，但有時候考慮到洗手槽跟瓦斯爐過於接近，即所謂水火相近，工作平台的空間利用，就會跟著因此受到侷限。

從陽宅學觀點出發，古諺常云：「水火不容。」設計的難度，在於希望流理台靠窗，又不希望爐灶見門，加上冰箱屬水、生冷之物要遠離爐灶，更不能正對爐灶。

就方位來看，只要灶的位子擺對了，此外相生的位置就能順當，較之細節的部分，就剩是不是有中島吧台的問題。

針對透天厝要留意兩點：開門見灶、開門見後門。

門對門得擋住，如果灶於牆面，可視格局評估如何遮避火；開門見爐火，有以下處理方式，空間許可之下，設計高度一定的中島或吧台，高低差之勢就能不直接看見爐灶，是透天和獨棟別墅較為適用的方法。

民以食為天，傳統農業社會的克勤克儉精神，吃飯對於華人而言，是一件極為重要且講究的事情。

以生活角度來看，用膳的確是補充能量的來源；依感性層面觀之，於色香味俱全的飯廳裡，咀嚼飯菜之刻，彷彿是吃著有味道的歲月，將那份溫暖有情的故事一併咀嚼下嚥。

如同吉本芭娜娜嘗言：「每天每天，波瀾不驚地活著，睡覺、起床、吃飯。情緒有好的時候，也有不好的時候，看電視，戀愛，學習，去上學。當你不經意回眸那些日復一日的平凡日子時，會發現它多多少少都會留下些什麼。就像那些沙子一樣，純淨溫暖。」

也許，食物終將會消化，作為魔幻之境的廚房，夜幕低垂也要休戰息兵，但記憶裡的酸甜苦辣，都是心底最惦記，也最想念的滋味。

3.5
為愛朗讀

書籍是全世界的營養品。生活裡沒
有書籍，就好像沒有陽光；智慧裡
沒有書籍，就好像鳥兒沒有翅膀。

——英國劇作家威廉‧莎士比亞
（William Shakespeare）

書房的重點是書桌，書桌和辦公桌不同。
書房跟小孩房一樣，想有利於讀書考試，
要先找出「明」文昌位置，意思即是說，
鄰近明亮的窗邊。

# 心靈樓閣，為愛朗讀：
# 書房

## ⊙明文昌，亮坦途

書房，象徵家中的知識源頭，書房格局，關係到小孩的學業成績，也和屋主的工作事業息息相關，更間接影響職場貴人運勢。

因此書桌擺得好，職場貴人較多，對於升遷也有相當的正面助益。

書房掌管念書與工作運勢，要注重空氣流通與光線的充足，座位上方不要有燈具和壓樑的情形，以免在念書或工作時有無形壓力。

書房的色彩規劃盡可能以簡單、明亮色系為主，避免偏暗或過度鮮豔，易使情緒起伏。此外，書房盡量不要放置垃圾桶，晦氣會影響文昌位，如果有使用上的需求，垃圾桶可以選擇有蓋樣式。

書房的重點是書桌，書桌和辦公桌不同。書房跟小孩房一樣，想有利於讀書考試，要先找出「明」文昌位置，意思即是說，鄰近明亮的窗邊。

除了靠窗向陽，當早晨陽光透照進來，彷彿一日的閱讀時光就此展開，相對之下，就寢的床就要取「暗」。

同時書桌座向，盡量不要背對房門或客廳大門，避免開關之時會有不安全感，作文章忌諱受到侵擾或驚嚇，如同我們說不要隨便拍人家肩膀，免得明火熄滅，都是需要注意的重點。

書桌前可以擺設水晶球，象徵光明在前、所求有願，也可以擺文昌筆、文房四寶，都能有助於提升文昌運。

如果工作性質為設計、創意開發類的朋友，書桌適合面窗，有助想像；若需要注意力集中、運用記憶力，則以面壁為佳，適合思考。但無論如何，書桌和書架的擺設一定要整齊，思緒才能夠清明透晰。

尤其家中有嬰幼兒，因為他們對環境好壞最為敏感，更要特別注意，正所謂「心神不寧」，陽宅要是規劃不佳，也會讓人心念不安，神志不寧。

不規則的格局，不適合用來作為書房，會影響學習效率，於讀書、於人都不利。

書房也不宜設置在主臥室之中，以民俗忌諱，磨墨或裁切紙張來看，會有犯胎神、床母之虞，應該獨立出來較佳；現代人傾向單純寧靜的閱讀環境，利於思維開拓，亦可心無旁鶩、專心學習。

當然，書房務求小而雅致，如果設置過大，看書或寫作較難聚精會神。關於音響設備和電腦需求，簡單配置即可，才能達到專注之效。

不規則的格局，不適合用來作為書房，會影響學習效率，於讀書、於人都不利。

書房掌管念書與工作運勢，要注重空氣流通與
光線的充足，座位上方不要有燈具和壓樑的情
形，以免在念書或工作時有無形壓力。

靠窗向陽，當早晨陽光透照進來，
彷彿一日的閱讀時光就此展開。

### ⊙書房，人的氣度

作家柏楊曾說：「我整個生命都在書房裡，坐在這裡，感到內心的寧靜，這才是真正屬於我自己的位子。」

腹有詩書氣自華，一個人的氣度往往從書中累積，書房便是一個聚氣養神所在，況且對於現代人而言，長時間使用智慧型手機，戀棧於網路虛擬世界當中，如果能有一個吸引閱讀寫作的書香環境，把時間留給紙本與文字，將能創造出不同的想像空間，是一件難能可貴的美好情事。

讀書，也是人生當中，遇到任何困境時，儘管不一定能夠找到解答，卻能夠從中得到心靈救贖。

對於「書」的最初記憶，不免使人懷想起那段父母的床邊呢喃，為你朗讀，說的，也是為愛朗讀。

及至一個書房，當然是全然的書海繾綣，過去我們聆聽書聲，未來，可以繼續為了某人將未完的故事，繼續讀下去。

過去我們聆聽書聲，未來，可以繼續為了某人將未完的故事，繼續讀下去。

# 開誠布公第一步：
# 辦公室、會議室

3.6
第一步

不論是辦公室、招待所或者會議室，都象徵一種奮鬥的精神理念，一種為人生努力不懈的指標，如斯依循邁進，孕育著無數幼苗與成果。

同樣地，東方哲人老子《道德經》嘗言：「不見可欲，使民心不亂。是以聖人之治，虛其心，實其腹，弱其志，強其骨。」就是要我們避開慾望之物，心頭才能扶正穩固，對於待辦之事，也才可清楚辨明，專心致志執行。

## ⊙ 辦公，專心致志

提及辦公室設計，就老闆觀點來看，一般會著重會計出納，以武場來說，出納的櫃台會擺放在外頭，而就文場的辦公室，通常收納會計的位置，往往在董事長室的隔壁，這是其中較大的差異。

西方哲學之父蘇格拉底有言：「世界上最快樂的事，莫過於為理想而奮鬥。」

非淡泊無以明志，非寧靜無以致遠。
——諸葛亮《誡子書》

《道德經》:「不見可欲,使民心不亂。」避開慾望之物,心頭才能扶正穩固,對於待辦之事,也才可清楚辨明,專心致志執行。

　　除了出納位置之外,還得回到辦公室擺設,重點在於動線跟辦公室坪效的發揮。其中還要視職位而定,是身為業務單位需要每天往外跑,或是著重員工要很強的向心力,座次上就有不同。

　　辦公空間通常建議同一座向,但實際上可能會有困難,因此根據員工與部門屬性,會建議業務與服務單位人員,朝向大門進出為主;屬於公司內部管理高階主管或研發單位人員,則建議朝向辦公室後方,即老闆辦公室所在方位,讓老闆可以完全性的掌握公司命脈。

　　辦公桌的朝向同一邊,可藉此強化員工向心力,若是員工根據不同屬性區分不同小組,希望互相激盪發揮團隊創意,則有不同走向。通常陽宅老師還會根據員工生肖、出生季節來作配置。有些人於辦公室擺設駿馬圖,希望業務員能往外拓展,假使朝內可能有無法伸展的意涵;或是辦公桌擺設仙人掌化煞、消電磁波的功效。

辦公桌大小跟穿衣服一樣有尺寸之分，不同業務性質適應不同尺寸。辦公室也著重採光，除了靠窗位置之外，如何讓辦公室的中間也保持光線明亮，燈光照明跟空間配置就相形重要。此外，站在求財角度觀之：「北水源來」，通常會朝向北方求財，像是店舖朝向北方的時候，業者可擺一些小流水裝飾，表示引進財源意涵。

接著談到辦公室櫃台設計，越大的空間，櫃台就可以越寬闊，以我來看，通常不建議有稜有角的櫃台，既可能造成傷害，又有不圓滿之意，整體空間不好利用。

櫃台後方，屬於企業形象牆，比如說傳統產業製作精密儀器，背牆旁邊可以擺放公司獨家的專利產品，或是在前廳考量氣場問題，藉由一面隔牆作為遮擋，後方才是辦公區塊。

倘若櫃台後方的形象牆只有公司名稱，也有兩種設計手法，一是直接隔到天花板，一是只做到一半，小空間通常建議不要做到頂部隔牆，利用穿透感營造空間的開放性，若是大企業就可將隔牆做到頂端。再之，提到茶水間與工具間，兩者是否合為一體，要視大樓本身配置，像有些公司茶水間設於外頭，建議公司內部還可再設置一個私自茶水間，該空間同時也可以變成一個儲藏室，作為商品的集中收納處。

假設主管的辦公室夠大，建議洗手間的外側可隔出一個小房間，作為進去廁所之前，一個私人休息室，如此一來，洗手間的氣流，亦不會直接影響辦公室氣場。

一種為人生努力不懈的指標，
如斯依循邁進，
孕育著無數幼苗與成果。

⊙ 會議，心思澄明

談到會議室，重點擺放在設備。

過去會議室都會配置投影機設備，關乎流明、照度、投螢幕規格，需求大而明亮，但近年來的幾個辦公室案例，大家都可接受 50 吋或 65 吋的電視，中午用餐的時候，會議室還能夠兼做員工交誼廳。

正式開會討論事項，需要上網查看資料，就可直接使用筆電或無線藍芽設備，比起過往的投影設備，更為簡易方便。

此外，很多客戶喜歡在會議室設置烤漆玻璃，或白膜膠合玻璃，運用白板筆在上頭寫字，或是於會議室設置黑板，搭配黑板粉筆寫字，像是知名連鎖咖啡店的價目表，就是刻意用黑板漆的方式呈現，會議室也可以做類似設計。現今還有一種磁性漆，替代沒有磁性、無法吸附磁鐵的烤漆玻璃，採用磁性漆做數層塗抹，輔以乳膠漆或黑板漆，黑板就能同時具備磁性。

如果會議室空間有限，亦可使用活動式的隔屏作為改善，需要開會時，再把隔屏拉起來，平常沒有開會則可以打開，讓空間用度上寬闊一些。

唯有家的種子苗長壯大，
展開的羽翼才能庇蔭更多情感關係。

通常設有招待所的公司，會以外燴居多，所以設計的過程，廚具設備並非必要性，甚至為了安全起見，只會擺放電磁爐。

招待所於室內空間的配置上，通常會搭配一個備餐台或備餐室，作為外燴配餐空間，加上有時候會外聘樂隊老師伴有影音設備。諸如飯店內部的招待所，類似貴賓室的設計，一方面重視私密性，盡顯貼心之舉，一方面展現招待賓客的誠意與大器風範。

招待所不一定講求金碧輝煌的樣貌，可以從整體裝潢的細節入手，以木頭、石材、金屬等材質，營造質感的氣場，繼之打造出一個有客廳、吧檯、餐桌的環境，讓客戶來到這裡像回到家裡一樣，擁有賓至如歸的感受。諸如此類的商業設計，依照不同的性質，可以選擇不同素材作為整體架構，藉由表現結構性強烈的主軸，與細部軟件相互配合，即可兼顧商用俐落與設計美感。

當前環保意識抬頭，商辦公間也嗅到這股氣息，並趨為導向，

期許能以生態為宗旨，做出永續發展的設計，例如榮獲美國綠色設計獎的設計師 Jacob Strobel，秉持永恆設計、高品質及原生木材的選用，才能得到美國經典設計獎項的肯定。

　　如此一來，不僅能看見公司的經營理念，有時候也可以投射出設計師的藝術品味，共同打造出一個「為理想而奮鬥」的環境。

　　約翰生《漫步者》說，一切的雄心，一切的奮鬥與進取勞動，為的就是讓我們能快樂的待在家裡。

　　這份辛勞澆灌的成果，將家的種子，茁長壯大起來，讓家的羽翼能夠庇蔭更多情感關係，不僅僅提供庇護，不為生活所苦，還能作為沉潛醞釀美酒佳餚的食物，招待更多欣悅走入的貴客，以及帶著祝福，走出更多的喜樂面容。

設計　人生

空間與人生的翻轉案例

PART 4

CASE

安家而能立業，讓人生家居更美好的答案，就在設計的細節。

# 復刻榮寵，
# 經典不敗的透天宅

坐落在高鐵站附近的透天別墅，戶戶價值不斐，對
購屋者來說，這是一輩子的事，在格局裝修的設計
上，自是馬虎不得。

整體來說，規劃上沒有穿堂風的困擾，但一樓門一開
就見到後門，與往下的樓梯，還是不太適宜。畢竟人都
希望往上走，意謂步步高升，開門見到下樓梯，是比較
不好的規劃。

原先的規劃是，在玄關處做一個櫃子，留中間作為走
道，廚房變開放式的，藉此避開穿堂風的形煞，但我認為
以一個房價近億的物件來說，沒有一個獨立的廚房，客戶
很難接受，而且人在用餐的時候，煮菜的爐灶就在一旁，
吃飯時容易煩心。為了克服這些既有的障礙，我在規劃時
從陽宅學的基礎出發，將入口做些遮掩，讓動線是從右側
進入，座不變，透過廚房門的轉向，來化解煞氣。

設計的取捨，是選擇的藝術。

若要讓每層樓都符合陽宅最高指導原則，就必須要選
擇取捨，換個角度，用設計處理陽宅的問題，例如：外
面不擋，只保留住門；或者是地坪、天花板做變更，把
門檻外推，在此處鋪上統一顏色的磁磚，讓屋主進入屋
內的方向是一樣的，而不是說陽宅風水上不許可，就直
接打掉，或者是這邊懸掛一個凸面鏡，那邊擺個什麼東
西的，整個格局就怪了。

好的居家設計，就是讓人住起來舒服，滿足家運興旺的
期待。

這個案子本來不屬於翻轉陽宅，因為該建案銷售狀況

ID
坪數 / 約 100 坪
地段 / 高鐵附近
格局 / 家用自住
功能 / 透天住宅

初期停滯不前，但是我運用設計方式改善上述格局問題，完成了一個實品屋之後，成就經典不敗的屋款，不但建設公司董事長覺得滿意，也有客戶喜歡實品屋的設計，並順利賣掉一戶，而因為該屋主後期天天來觀看裝修進度，透過建設公司的介紹，才知道他是購屋的客戶之一，後來他也委託我們做室內設計，原來，平常工作就要認真用心，機會就會無所不在。

　　一個設計師，屋主要找你做設計，事前可能已經觀察很久，才決定把一輩子的家交到你手上，是一種很奇妙的緣分，我非常珍惜，創造住得舒服的美好居家。

### 完整，且完美的料理空間

廚房的設計上，動線一定要靈活方便，透過填補，讓廚具的邊緣與動線至少有九十公分至一百一十公分，區隔出前後，並「後轉」直接進入後陽台。重點在於，不管牆面多厚，將後門遮住，整個格局才會方正。

### 展現品味的人情交流

在原設計中，餐廳與廁所距離相近，因此在廁所的前方多做了一個櫃子，變成餐廳的展示櫃，加上推拉門，平常關起來的時候，可擋住廁所，當門被打開，它就變成展現品味的收藏品。利用推拉門可以達到半開放式的功能，是一塊完整的餐廳格局。小拉門可以內含酒窖控制濕度的功能，擺放紅酒、雪茄、松露、魚翅等等高級乾料，位處於廚房一側，也是很好的規劃。

### 復刻榮寵，取悅人心的視聽饗宴

本來的電視也與餐廳相連，為了改善餐廳擁擠的感受，利用目前藍芽或 HDMI 的線路，連結到天花板、到音響機櫃，除了收納的功能外，DVD、擴大機等等電子產品，都可以擺放到側面機櫃，視覺上清爽寬闊，也有良好方便的收納功能。

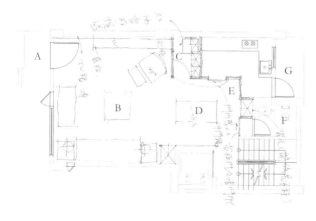

A：玄關　Hall Way
B：客廳　Living Arva
C：酒藏室　Wine storage room
D：餐廳　Restaurant
E：廚房　Kitchen
F：公共廁所　Public toilets
G：後陽台　Back porch

# 探景觀天，
# 坐擁北歐之星

對於雙薪家庭來說，隱私權與隔間，是非常重要的，
人都希望有自己的空間，無論空間是大是小。

想要探井觀天？其實只要細節設計得宜，即能坐擁北歐之星，一如詩人鄭愁予所言：「星子們都美麗，分佔了循環著的七個夜」，隨著日升月落，落實於居家生活之中。

委託客戶是雙薪家庭，人口單純，就是一對夫妻加兩個小女兒，但是有生第三胎的打算。

一開始，先從客廳與沙發的座向考量，原先，沙發往外看，雖然幾百公尺外就會看到另外一個社區，但是反方向看過來，就會見到河岸邊的電塔，因此，我們決定調整一下，讓沙發面向社區，確認方位。

整體結構上，屋內兩支柱子中間橫跨一支大樑，所以餐廳位置較低，可以內藏室內空調、吊隱式主機，讓維修孔不在餐桌正上方，技巧性的預留在側邊，否則往後維修、清潔還要移動餐桌，將會非常麻煩。

屋內 T 字樑可以放置空調主機，一台照顧客廳、一台照顧餐廳跟廚房，或更進一步把餐廳的空調主機藏在廚房，拉一個小風管出來，就能兼顧廚房也有冷氣。

除了美觀，室內設計師也需要為安全把關。

考量消防逃生法規，建築師要計算從房子的最遠的一個端點到大門，最後到逃生梯是多遠距離，可能因為原本長度不夠，或者是家中有外勞需要一間傭人房，他沒有走大門，要洗衣服、維修東西、買菜之類的需求，所以又開了另一道側門。逃生或幫傭平常使用，就從旁邊

ID
坪數 / 約 75 坪
地段 / 文教區
格局 / 家用自住
功能 / 雙拼格局

每夜，星子們都來我的屋瓦上汲水
我在井底仰臥看，好深的井啊。

自從有了天窗
就像親手揭開覆身的冰雪
——我是北地忍不住的春天

——鄭愁予〈天窗〉

的側門出入，不從客廳經過。

　　穿堂風的問題，在此案例中也顯而易見。外門、內門、房間門就形成了穿堂風，這個房子是長方形，從廚房走到房間距離太遠，橫跨家中三分之一的距離，開了門又是見窗，雖然不是一箭穿心煞的格局，可是比例上該段的距離比房間長，是一個蠻頭痛的問題。

### 🏠 一入門，什麼都完整了

從大門進到屋內左側做一個隔屏，主要切齊主臥室，因為多了這一個隔屏，讓玄關跟餐廳有一個明顯的區隔，利用大理石一樣有穿透感的材質呈現（木作、夾紗玻璃也是不錯的選擇），如此一來，一進屋不會看到餐廳，玄關的界定比較明顯，鞋櫃跟穿衣鏡也都可以合理存在，鞋櫃結合電視牆也沒有問題，然後製作一個平台擺放視聽設備，如此一來，電視牆、沙發背牆都完成了，也讓餐廳的格局更加方正。

### 🏠 經驗老到的更衣空間

先前提到，在客廳向外看，兩百公尺外是一個電塔，互相溝通協調之後，屋主同意規劃更衣空間，從房間走出來到更衣室，然後再進廁所，既克服陽宅的問題，重疊走道空間坪效做最大發揮，又有利於行走動線，有經驗的設計師，既考量了室內設計效益，又能符應陽宅理論，做出的最佳的設計建議。

考量屋主有小孩，藏書又多，因此我們把這一區的隔牆打掉，變成獨立的區域，可以擺放鋼琴當琴房、書桌變書房，讓大人小孩都有自己的空間，甚至擺個沙發床就是客房，現賺了百萬元價值的坪效。

「每夜，星子們都來我的屋瓦上汲水……」藝術之家，詩意之居，生活其間，無處不是百花盛放的春天。

其實，設計就是解決問題，只要在規劃上多些巧思，可以節省預算，也能住得舒服、雅緻。

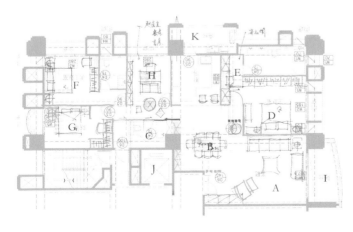

A：客廳 Living Arva
B：餐廳 Restaurant
C：廚房 Kitchen
D：主臥室 Master's room
E：更衣室 locker room
F：次臥室 Second bedroom
G：臥室 room
H：臥室 room
I：陽台 Balcony
J：陽台 Balcony
K：後陽台 Back porch

# 禪風，雅蘊家居

投資不只是投資地段，室內裝修搭配加分，也是重要的一環。

曾經有個客戶，是雙薪家庭，在精華地段買了房子投資，可能是因為久無人住，存水灣都乾涸了，又位處於二樓的關係，化學池的穢氣就直衝上樓，整間房子充斥著化學味。

唯有房屋適合人居，投資才有意義。即使位於精華地段，若沒有適合的裝潢搭配，那只是一間沒有靈魂的空間罷了。討論過後，考量屋主是要投資，只求夠貼補房貸利息即可，加上希望裝潢一次到位，不要因為出租就簡易裝潢，而我的專長就是凸顯房子的價值，因此一切都簡單了。

建築師職責，是發把空間效益發揮到極致，室內設計師，則是規劃佈置，賦予空間靈魂。

此物件有幾個常常遇到的設計問題，像是走廊空間大的太大、小的過小，沒有經過調配的話，存在好幾處陽宅忌諱，例如：大門一開正對房門，或是主臥室的門，而從陽宅風水來看，雖然進門看不到灶，看到廚房門也是不好的設計，這三點在陽宅設計上，已不合格。

更令人在意的是穿堂風，雖然以橫向設計，似乎沒有此種情況，但就縱向觀察，中間廚房門直通後門與後陽台，因此我仍建議需要稍加修飾，因為比例差池毫分，好壞立判，直接影響住的品質。

有經驗、懂得陽宅風水的設計師，會在一開始規劃空間時，就將各種問題用設計的方式化解；像是

ID
坪數 / 約 55 坪
地段 / 精華市區
格局 / 住家空間
功能 / 四併格局

菩提本無樹，明鏡亦非台；
本來無一物，何處惹塵埃。
　　　　　　——六祖慧能

穿堂風的問題，我利用儲藏室、兩道牆的設計，既不會門對門，又可以擋住房門出來直沖的問題，主臥室又有單獨的一條走廊，增加隱密性，一舉數得。此外，因為房門面向廁所，我也另外調整，讓廁所門在門扇的後方，既能改善陽宅的忌諱，也讓動線更加流暢。

因事先連同施工都有充分規劃與溝通，此案歷經一個半月準時交屋，屋主感到很驚喜，因為已有裝潢多次經驗，

沒有人可以準時交屋，樓上的鄰居甚至做了半年還沒完工。

雅蘊之家，空間不存塵埃，身心沒有嫌隙，一如六祖慧能所言的「本來無一物」，建立在「空無」之上。

身為設計師，我認為此道同樣可應證於建築設計理念，對於「好家」的當下頓悟，唯有立於「空」，架於「禪」，才能落於真實的格局改造，空間不空，自有禪風，家就是心中的修練場。

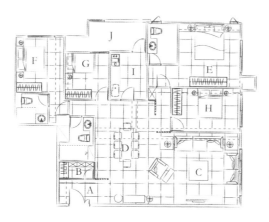

A：玄關　Hall Way
B：衣帽間　Cloak room
C：客廳　Living Arva
D：餐廳　Restaurant
E：主臥室　Master's room
F：臥室　room
G：臥室　room
H：臥室　room
I：廚房　Kitchen
J：陽台　Balcony

### 三步ＫＯ難解風水

第一，先將該屋的衣帽間、儲藏室找出來，對應到的房間門就是暗房，考量到隱私，便把它拉直到門邊，利用房門擋住的同時，玄關就變大了，而且透過空間轉折，餐廳也變的寬闊。

第二，遮蔽主臥室的門，再做一個隨意造型，類似櫃子內的中島延伸，既遮住了主臥室的門，並斷去走廊過長與直沖問題，解決房門對房門的問題。

第三，利用隔牆，讓主臥室跟次臥室的房門不會直視大門，也讓沙發背牆變長，可以擺得下四人座沙發加上一個茶几，望出去兼顧大門，電視牆又向外延伸，整個花費也不昂貴，不管是奢華的貼金箔、大理石、一片玻璃，或是木工油漆的簡易裝潢，客廳都能顯得大器寬敞。

### 翻轉機會的餐廳設計

餐廳部分，我在主臥室的門口外做一個收納櫃與展示櫃，彌補缺口，以免人從房間一出來看到牆壁直沖，有了這一層修飾，也同時劃出餐廳位置，所以要在隔間中新增開關也非常簡易，手機可以在櫃子上充電、放置零錢銅板，還有鑰匙等小物都很便利。

另外，只要稍加調整餐桌位置，不僅解決整體陽宅問題甚至翻賺時運。屋主本來跟房客為了租金兩千元無法成交，裝潢過後一個多月，租客非常滿意，兩方就達成協議順利出租，事成與否，有時候真是機運問題。

　　菩提原本就無樹，明亮的鏡子也並非台架，那麼何須畏懼心中塵埃？妄念不起，安心無為，塵世的紛紛擾擾，即能不再蠢蠢欲動。

　　因此，當我每看一次屋主饒富意味的滿意神情，一如頓悟之境，同時更加堅定入行初衷：打造適居的幸福空間，繼續傳承這份家的真諦。

# 轉欄，
# 幽靜中自見天地

家的幸福程度，與大小無關，設計得宜的話，小屋，
也能有無限大的溫馨。
幽靜中見天地，就是最好的註解。

屋子處於偏遠地區十四樓，出租不易，也令房仲頭疼。空間不大，床擺下去不是撞門就是頭睡在床後面，無所謂的客、餐廳，客戶因為當作投資，沒有仔細留意銷售圖，只能利用後續室內設計的方式改造。

在設計上，我運用「轉欄」的概念，從側邊由玄關進入屋內，真正走進家裡面是陽台正面，這就是轉欄，好壞與否，各家自有說法。但是我認為，人的背後就是所謂的「座」，朝前就是「向」，大門開左右或者是中門，進屋的卦位跟座的卦位以後，是好的宅星，就表示這個陽宅的底子好。

原先的設計圖都沒有隔間，平白浪費很多空間，開門見灶、房間的門對門，住在家裡缺乏安全感，而在變更兩道牆面位置後，一切就合理了。

第一道是主臥室牆面，一般人看不懂圖，沒有深入瞭解的話，可能不會發現，主臥室的床頭一側會壓樑；我把它的牆移位，讓主臥室變大，床的擺向才能更方正，大小才足夠。若依照原先的設計，連床都擺不下，更不用提衣櫃等家具，把牆移位之後，既擺得下床還多了一個更衣室的空間。

若是仔細觀察，原本的設計因為比例問題，有很多的空間是浪費掉的，調整牆面位置後，原先浪費的空間分給兩個房間一人一半，另一個房間也因此

10
坪數 / 約 32 坪
地段 / 郊區偏遠
格局 / 住家空間
功能 /2 房改為 2+1 房

變的空間方正，我再將它的衣櫥鑲嵌到牆壁之中，雙人床靠邊擺放，還可以加放一張。第二個是把廚房圍起來，讓沙發有靠。圍了隔間牆，兩個陽台雖然在同一面向，卻做出了前後之分；廚房本來是開放式的，電器櫃、飯鍋等等都不知道要擺放何處，多隔了這道牆之後，

不僅解決油煙的問題，不做天花板也沒有關係，有前有後，不會看到廁所門，不用多做暗門美化，門簾的功夫也省了。

倘若有注意到品字門的問題，也只要將門簾掛在廁所門，既可擋住廁所穢氣又可以美化。

### 🏠 小坪數、大空間，神奇空間魔術

因為調整了空間比例，此案甚至可以隔出一間多功能房，擺了餐桌就變成餐廳，也可以當書房或客房使用，作成三房的格局，再次證明，小坪數、大空間並非難事，將空間利用到最大，整個氣場也翻轉了，果真，三天之內就租出去了。

### 🏠 擺對了，平安招財

人人希望招財，常在玄關入屋之後，擺放招財貓等納財實物；事實上，有時候財位不一定是在45度角的位置，需端看方位到位之間，統統將氣集中在某一點，形成「氣點」，方能結位，在此處前面布局一個財位的位置，在上面擺放笑口常開彌勒佛，對角處放置鹽燈或水晶洞，日日夜夜催化磁場，才能達到效果。

　　許多人覺得，房子小，做再多的規劃，也無法將空間變大，就沒有仔細思考空間規劃，其實這是很可惜的，對於室內設計師來說，無論坪數大小，空間比例抓得精準，幸福家居一樣可以實現。

　　幽靜中自見天地，明白唯有安家，才能安住。

## Home Scene

### 招財小物，該怎麼擺？

玄關擺放鹽燈、水晶洞是比較簡便的，視個人而定，有些大師偏好貔貅、寶劍、警帽等等，一般而言，擔任公職或官職在身的人員可以擺放寶劍，有時候剛入宅的住戶運勢不佳，或是入住前幾個月可以擺放，過完年就可以拆掉，取其鎮宅、化煞之用，但長期來講，是較不適宜。

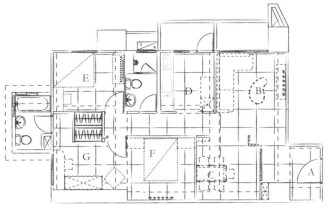

A：玄關　Hall Way
B：客廳　Living Arva
C：餐廳　Restaurant
D：廚房　Kitchen
E：臥室　room
F：主臥室　Master's room
G：更衣室　locker room

# 驚艷米勒的稻色

生活是詩的素材，詩是現實的調整，詩是酒，生活
則是米，中間必須經過一個由米而飯，由飯而酒的
轉化過程，酒中看不到米，但米在其中。

——詩人洛夫

　　建商銷售某一建案，會搭建接待中心，裡面有銷售與簽
約區域、有銷售櫃台，裡面還有一個很重要的部分——樣
品屋，通常就在接待中心裡，提供客戶購屋參考。

　　實品與樣品一字之差，實品屋是在建案基地內，目的都
是希望讓客戶產生好感購屋、安心成家的期望，因此受到
委託協助設計。

　　中南部屋主偏好透天宅，希望擁有自己的天與地，同
時也可減少公設的維護支出。這次建案就屬四十戶的透天
厝，一樓地坪規劃一至兩個車位，一進屋可以是孝親房或
客房，上到二樓才是客廳、餐廳與廚房，三樓則為主臥室、
四樓兩個次臥室，四樓半各有一個神明廳與大露台。

　　然而，針對樣品屋，不太可能實際搭建四樓半的高樓，
因此一樓採 3D 圖呈現，把重點放在二樓客、餐廳，以及
三樓主臥室。

　　一般觀念是利用一塊空地搭建樣品屋，通常坐落在基地
上面或附近，通常由大門進入參觀，然而此次我建議調整
位置。

　　由於該建案是透天厝，帶看樣品屋的時候，就在餐廳開
一個大門讓客人進入，因此需要一個足夠的餐廳主燈，讓
首購族感受到家的溫馨與寬闊感，同時加強視覺的凝聚力。

　　長方形的房子格局，從中間進入直接看到餐廳，左右兩
側分別是廚房與客廳，開中門通常是最佳的空間利用，既

ID
地段 / 中部精華區
格局 / 參觀展示
功能 / 長形、透天住
　　　宅建案（四層
　　　樓，共 4 戶）

　　節省坪效又能平衡動線，藉由出入口座向的調整，不到一季的時間，三、四十戶很順利地完銷了。

　　此建案基地較偏離市中心，坪數適宜首購族或小家庭為主，因而建材上用風化木與溫暖色調為主，讓整個樣品屋走溫馨風格，一如米勒所繪的《拾穗》，描摹出農婦在金黃色麥田撿拾麥穗情景，那灑落下的流金、溫婉彎腰的印象，平凡而深刻，走入生活，驚艷米勒，感受樸質幸福，讓幸福日日加溫。

　　此外，採用大量黑鏡、茶鏡增大空間的視覺效果，同時併用現代化線條，修飾建築必要的樑柱，如同詩人洛夫所言「由飯而酒的轉化過程，酒中看不到米，但米在其中」，空間和格局的轉化過程，有實質的米，有提升情感的酒，也有品味性靈的詩。

### 🏠 調整順序，營造家的溫度

以該建案來看，一般而言，回到家是先打開大門進到客廳，才進入餐廳，但以帶看的立場考量，把接待中心跟樣品屋的連結放在餐廳，直接從中間走進屋內，右側是客廳、左側是廚房，動線規劃，實際上能放大屋子的空間感；再從餐廳上樓到三樓的主臥室，動線也最為靠近，同時符合我一再強調的適居性，關乎室內設計與陽宅風水，直接的關聯影響，都在動線。

### 🏠 體貼客變，量身打造

樣品屋只是一個樣品，不是最後的實際成屋，因為建設公司賣房子沒有含裝修，由客戶根據各自需求，但依據政府法令規定，建商所有廣告細節，通通可作為日後驗收的依據，因此現今已經少有樣品屋有偷尺寸之類的情事發生，客戶也越來越聰明，能夠按照設計圖知道一定的比例、大小、高度。

通常建案蓋好，客戶不一定會找樣品屋的室內設計業者，接續往後的裝修工程，交屋後若想要再跟我的設計結合，就屬建築室內的「客變」，在房子還沒蓋之前，可依照設計師的規劃圖，向建設公司提出設計變更需求。這部份，則需要根據屋主需求，才能量身打造出滿分家居，住得愉悅，讓家居幸福自我設定。

### 🏠 簡說座向、氣口和宅主星

陽宅重點主要是座跟向，「座」指我們的背後，「向」則是面朝方向，依方向所開的門，左、右、中，即產生不同的地理感應。此外，「氣口」係指家中的空氣流通，家中大門傾向開左側龍邊，亦即身處房子裡頭往外看。

雖然一般民俗認為門開龍邊，有些人習慣門開中間、櫃台放龍邊，其實也依人文、風俗、民情而有所差異。但是依照專業角度來談，同樣的座與向，開左側、右側、中間等位置，所碰撞出來的宅星會是不一樣的效果，「宅主星」亦即兩個卦對應而生，若有需求可進一步請教熟悉陽宅風水的老師。

萬丈高樓平地起，要從一樓檢視宅星，才有辦法往上推演樓層的宅主，才能進一步照看大門、主臥室、廁所位置是否正確，配置是否妥當。

## Home Scene

### 參觀樣品屋之注意事項

所有的建商廣告都要保留下來，作為往後交屋的參考憑據。

單看樣品屋，通常只能考量地點和室內格局，屬於多戶數的社區型建案，差個三戶座向就不同。如果重視房子方位，建議請專業人士，照看比例、藍圖、基地坐落、高度和開門座向等，才能正確判別房子優劣。

## Home Scene

### 購屋前的準備工作

想要購得一個符合自身運勢的房子，首先需對應生肖，倘若不參考「東西四宅」理論，購房首重外局，例如可評估有沒有令人不舒服的形煞，或是所謂的嫌惡設施。

假使建設公司的建屋品質有口碑，相對就較有保障，該物件通常可納入考慮，緊接著徵詢專業老師適合購入之樓層，或是雙拼左右側哪邊風水格局較適當。若要深究的話，屬於中醫「理氣」的追根究底，得借助老師的專業，而西醫則較講求效率，希望藥到病除，像是外局有無明顯形煞等。

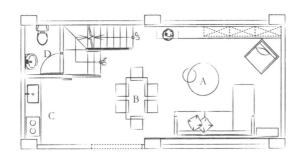

A：客廳 Living Arva
B：餐廳 Restaurant
C：廚房 Kitchen
D：浴室 Bathroom

# 博物館漫步小徑

「人的一生，也可以像一座博物館嗎？」
漫步在博物館的交叉小徑，登臨之境，又能尋到怎
樣的芬芳草翠？

此案和上一個樣品屋，都是建設公司委託，規劃接待中
心作為銷售點。

因此，除了設計之外，首重居家氣氛的營造，各家設計
手法不一，但經由這些案子，更加證明我的所學所用，再
通盤考量之下能夠派上用場，設計出最適當的規劃，進而
與建設公司維持良好的合作關係，成為御用的設計師。

一般來說若是長寬比例適當，設計上會比較容易規劃，
但此案面寬、縱不深，作為四戶的百坪電梯豪宅，只有四
戶，做出四等分配置，各戶土地持分比例不太一致，中間
兩戶，後院相形較大。

然而基地屬於開闊型，有點類似掃帚形，外面大、裡
面小，風水學認為財氣守不住，無法聚氣，設計上需相
對講究。我因而利用了現有空間，把接待中心規劃成一
個博物館。

它也是陽宅翻轉的案例，風水上先天條件不佳的物件，
基地屬「畚箕外擴形」，採取設計手法將它倒過來聚氣，
改善彌補先天缺失。由於位處文教區，藉此出發，以展覽
館的概念呈現，展示許多油畫，且在接待中心放了一組真
空管音響。

此外，考量停車問題，預先解決車流問題，等比例的車
庫方便倒車或直入，設想進車庫、停妥以後，眼前是一條
觀景長廊迎接，前方是一片綠意，猶如走進清幽小徑。

經過走廊一路邁步到屋內，又是另一番開闊感受，前庭

10
坪數 / 實屋為百坪建物
地段 / 文教區
格局 / 招待參觀之用
功能 / 接待中心為開
闊型

最起初　只有那一輪山月
和極冷極暗記憶裏的洞穴

然後你微笑著向我走來
在清涼的早上　浮雲散開

　　　——席慕蓉〈歷史博物館〉

擺上鹿角蕨，意謂加官晉爵，並設計類似偶像劇場景常見平台，鋪上草皮與鹿角蕨，將焦點匯集在中庭，一如走向玄關，有植栽和廣闊庭院，充滿家的氛圍，藉此翻轉地勢與格局的不利條件。

生活不可能像你想像得那麼美好，但也不會像你想像得那麼糟，莫泊桑如是說。當然，先天的劣勢也能夠翻轉成優點，造夢成真。

一如席慕蓉詩中言，不再是「極冷極暗記憶裏的洞穴」，所有的故事都開始在一條芳香的河邊，涉江而過，芙蓉千朵，心也簡單，家也簡單，幸福就如此輕易。

### 巧妙裝修，細節美化

此案地勢還算平順，沒有左高右低，因此設計布局上還算容易，然而搭建接待中心有機電規劃，需要水塔、水源、室外機散熱的區域，以及一些廣告看板，需要暫時的回收擺放空間，安排於後方。

一位老師傅說過，裝修訣竅不外乎「粗」、「平」、「直」。房子不一定方正，但裝修必須克服這點，同樣的室內設計不能跟著不方正。我在考量建設物件的品質好壞與否，常會以「樑」為出發點，樑的跨距連帶影響天花板，並可由此觀察泥作部分是否用心，正因蓋房子首重泥作，即 RC 的磅數、機電設計等，而室內設計首重木工品質，講究「粗」、「平」、「直」，如此做出來的裝修即能維持一定水準。

### 採光幻影造景，
### 惹人流連忘返

此案藉由採光與配置，加上綠建築概念，裝修上預留通風口的位置，天花板的採光罩與採光玻璃，強調自然採光、自然通風，當時聽到銷售人員轉述，某個客戶在接待中心從中午待坐到傍晚，流連不去，靜觀光影的換移變景，彷彿欣賞一棟博物館，就決定買下房子了，因為客戶看得到整個光影的變化。

通常購屋會考量房子座向，但接待中心不一定在實際基地之上，加上位處內側，看不到實際屋子的外在環境與氣候變化，我從設計從概念出發，呈現自然採光的格局，呈現稀有的博物館特色及光影美感，因此不到兩個月就幸福完售。

A：車庫 Garage
B：展覽館 Gallery
C：庭園 Grounds
D：機房 engine room

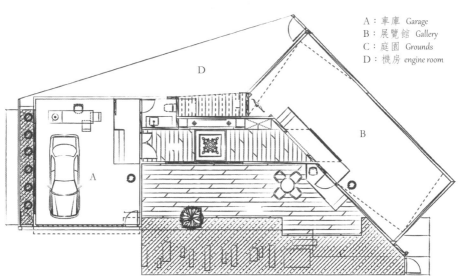

# 掌燈，
# 幸福的三角築台

幸福，從來不需要語言，只需要渴盼見面的那份心意。

一如西蒙・波娃（Simone de Beauvoir）所言，我渴望能見你一面，但請你記得，我不會開口要求要見你。……唯有你也想見我的時候，我們見面才有意義。

唯有如此，見面有了甜蜜，交往有了激情，牽手的路上也有了意義。

那麼，結婚吧！把這份幸福落實徹底。

白手起家的業主，眼光精準獨到，幫助難以數計的新人走入家庭，至今已有四、五間婚宴會館，相中了一塊三角形基地，希望空間最大的此地作為婚宴旗艦店。

起初，業主極有信心地畫出草圖，正因過去店面依循固定模式，也能經營得有聲有色，然而此地並不方正，屬於畚箕地，他仍傾向依車流流向由三角寬邊進入，整個吧台、櫃台順著方向走，讓客人面朝馬路的來向，而非聽我建議。

可是實際評估，並非天天都有婚宴訂席，桌子需要後場儲放空間，以及餐飲前後場協調配置，因此，儘管外頭是四線道大馬路，我仍大膽提出若把地形看成「螃蟹」的話，可以整個橫著走，將來事業勢必鴻圖大展。

武場講究熱鬧，考慮它像一隻螃蟹橫著走的時候，設計靈感就源源不斷。

從欣賞的角度檢視，外局附近靠近高速公路，後面還有大腹地，並非受迫地勢之格，加上左前面有 T 字路口，整個店面相當寬敞，重點僅在於前後場如何調配。

ID
地段／重劃區
格局／婚宴會館
功能／三角形畚箕地
　　　二層樓

除此之外，陽宅風水首重大門的格局，餐飲業首重爐頭朝向，整個後場二樓是乾貨區及員工休息室的規劃，一樓則是會館的心臟地帶，出菜口的動線、冷凍庫的配置、廚房設施、備餐台都在一樓，格局安排，除了按照業主提供的尺寸進行配置，因地制宜仍是相當重要，才能調整出最佳格局。

該會館的水台以傾斜配置為主，冷凍庫擺放位置，以及如何能方便出菜、走動，加上出菜至每一桌的動線，確保菜餚都是熱騰騰上桌，都必須尊重並仰賴業主專業，然而身為室內設計師的我，所要克服的地方，在於整塊腹地缺乏哪些卦位，並透過設計手法截長補短。

整個空間配置重新跑過一遍，從大門進入到接待處可擺置藝術品，再往內進到餐廳內部的婚宴座位。

跨步向前，掌燈成功，成就美滿之家，
幸福的金三角於焉成立。

　　一層樓作為會場，後場設有夾層的設計作為員工的休息室，以及擺放乾料的儲藏空間，後場對於餐廳物件是很重要的部分，包括資源補給、桌巾、餐布，以及員工休憩室，都要倚賴後場支援。

　　再由風水角度來談，商業空間分文場、武場，考量重點則不同，文場如辦公室、寫字樓，武場則類似餐廳、暢貨中心，以及此案的婚宴場。

　　就生意角度來看，我希望它是一隻「蟹膏豐沛」的螃蟹，取其好的寓意，因此取中線作為出菜口，不管是全場或兩側小吃區，平常隔起來還可作為包廂空間；後場可擺放物品，還可考量吸煙區的安排，專業細節還包括消防、逃生、衛生等動線，均需一併納入考慮。

　　二十世紀最偉大的美國作家之一──費茲傑羅曾說：「這個世界對著你笑的人太多太多，但真心包容你的卻太少太少。」無論好性格與壞脾氣，只要有個意願一輩子情願包容與無限尊重的對象，在您跟前，這份真心不換，就值得勇敢嘗試。

　　跨步向前，掌燈成功，成就美滿之家，幸福的金三角於焉成立，當燭台點亮，築台打光，一對新人緩緩走入，夾道祝福聲，歡鬧之中，就是最美的畫面。

### 舒心空調，清新水循環

婚宴會館的空調必須全面性考量，包含建構成本、發揮效能，以及環境舒適度等綜合評估，我會建議使用水冷式的空調設計，利用「水循環」達到冷氣效果。

一般住家空調設備，通常使用「氣冷」運作原理，缺乏水循環系統的空調設施，其大小、格局、工法、技巧，都與水冷式空調不同，建構成本相對昂貴，加上氣冷式的空調功率，無法應付挑高又大坪數的宴會廳，不符合經濟效益。

此外，後方廚房的洗碗、煮菜需要具備截油槽，以及過水的空氣濾淨器、排油煙機等設施，設置於後方一側，都是細節上的完美評估。

### 鏡射補漏，格局配置首重八方位

婚宴會館外側面寬可經裝飾，透過鏡射補漏的同時，中間是其中一個卦位，倘若是適合爐頭所在的區塊，就是好的設計配置，加上廚廁的配置上，就佔了八卦當中的三個卦。因為廚房配置佔據整個會館的三分之一，爐頭的配置十分重要，必須考量座向。

請專業陽宅老師進行格局配置時，首先考量八個方位，小三角形區域可作為廁所空間，舞台與包廂的方位就會跟著方正。依據我的瞭解，倘若廚廁的卦位不會壓到吉利方位的話，就是可行的格局配置，形成一個負負得正的概念。

### 掌握重點，
### 幸福就能掌燈前行

此案首重中線位置，即作為心臟地帶的出菜口，動線規畫至關重要。

無論何種地形、地勢，都要因地制宜，取其最有利的配置，就算是先天條件不佳，也能截長補短，順勢翻轉。

作為武場形式的婚宴會館，挑高、寬敞、熱鬧，氣勢營造是其重點，加上心臟地帶的廚房，經過稍加調整之後，事實上即可變成人氣旺盛的商業空間。舉凡現今看到的一些國際品牌也是如此，進駐繁華商圈的時候，都是數個店面併在一起，以求店面寬敞開闊，藉以匯集人氣。

## Home Scene

### 各行業信奉之別與方位宜忌

各行各業有其信奉的祖師爺,如木工拜魯班,賭徒拜韓信、八大行業拜天蓬元帥,餐飲業者大多信奉龍神,因此某些方位就有所忌諱,例如爐頭避免朝向該方位。

此外,餐飲業忌諱馬桶朝向大門,觀看物件之時,通常會從外局往內,觀察大門朝向,進而調整內部,再針對空間配置細部微調。

以陽宅、陰宅作為區分,因單數階屬陽,雙數階屬陰,因此此案樓梯踏階規劃採五階為主,一般陽宅居家也是一樣,若有階梯設計,也以單數為主,如一階或三階。其實以科學角度來看,這也較為符合人體工學,雙數階上樓較沒負擔感,下樓反會有種突然停頓卡住的錯覺,增加安全性。

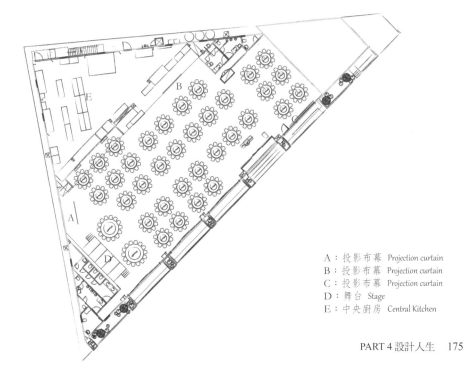

A:投影布幕 Projection curtain
B:投影布幕 Projection curtain
C:投影布幕 Projection curtain
D:舞台 Stage
E:中央廚房 Central Kitchen

# 華麗天涯，
# 一輩子的允諾

「如果我願意負責妳的一輩子，那麼，妳願意嫁給
我嗎？」
「我願意和你擁有並持有這份允諾，從這天開始，
不管是好、是壞，是富、是窮，是健康、是疾病，
願意華麗天涯，一輩子不棄守……」

以上的結婚誓詞，並非偶像劇才會出現的情節，每一
年每個黃道吉日，都會在婚宴會館輪番上演，只有人物
抽換，角色一仍深情不變，一對對佳偶天成，由衷感到
人間處處是幸福。

能夠接手委託婚宴會館，彷彿替新人的承諾打上蝴蝶
結，君子有成人之美，於我是樂而行之的事。

此案位於重劃區，晚上比較昏暗，規劃之初因土地取
得不易，由階段性的一期、二期，直到最後整塊完整腹
地，才得以統一規劃，因此從初期溝通到最後工程期，
耗時將近三年，猶如人生大事靜待水到渠成，緩則能圓。

一整片將近二到三千坪的規劃，除了考慮陽宅風水的
方位、座向，作為武場的事業經營，還要針對實際的人
流，納入遊覽車停車各方面的考量，在整體預算、經費
之下設計迎賓大道，古典休閒風的外觀造型喜氣兼具賞
心悅目，同時藉由凸顯「幸福的鐘塔」，自當能獨樹一格。

此案特殊之處，在於腹地遼闊，屬大格局，設計之
前特別調閱空拍圖觀看整個地勢，進而設計了一個吉祥
物，希望透過吉祥物，輔以出入口各方配置，納入獨占
鰲頭的象徵意涵，讓業主事業能夠蒸蒸日上。

實際編排過程，發現宴會廳和平常小吃部，分屬兩棟

10
地段 / 重劃區
格局 / 婚宴會館
功能 / 方正

不相同建築物，中間以「幸福的長廊」做為連接。當初建議業主必須增加廚房空間，將這條長廊往右移，藉以截掉過長情形。

雖然針對陽宅，曾提及三個對門才視為一箭穿心之格局，但是放大場地來看，就要更加小心，當比例到達一定程度，兩個大門打開向外，中間過長的正對步道已經一望無際，就可以視為穿堂煞了。

儘管當時股東並不同意建造，直到後來試營運之後才同意做出修改，修改完畢後，果然於整體動線、廚房擴充空間使用、人員平安各方面，都有更美好的結果。我深切自覺，唯有對於「好」的堅持，才是一份安心的履約保證。

另外值得一提的，內場可擺放兩百來桌的宴會餐廳，區分成兩或三個小場的喜宴廣場，或可作為會議廳使用，平常若有小宴會，即可分成三個獨立場地，或根據客戶需求，提供三場獨立使用。

　　透過活動隔屏手法，隔屏打開，整個廳恢復為一體，隔開來又是各自獨立的空間，並於上方使用茶色玻璃加以美化，增添會場繽紛的效果，同時延伸視覺感受，讓人不覺封閉與壓迫，大大增加實用與變化性。

　　當「幸福的鐘塔」敲響，我們自人海中尋覓歸來，牽起那名對的人，步入結婚禮堂，意味著即將落實的家庭生活，我們深信這不會是夢幻童話的終結，而是擁抱長流細水的的起點。

　　只要內心永保當初的真心許諾，「每一閃蝴蝶都是羅蜜歐的化身，每一朵花無非朱麗葉的投影」，默契仍在，愛就會存在彼此心中。

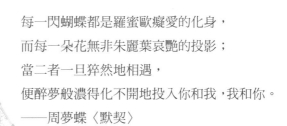

每一閃蝴蝶都是羅蜜歐癡愛的化身，
而每一朵花無非朱麗葉哀艷的投影；
當二者一旦猝然地相遇，
便醉夢般濃得化不開地投入你和我，我和你。
——周夢蝶〈默契〉

### 踏上星光大道，感受夢幻幸福

室內宴會廳可容納兩百多桌，還擁有全台灣最長的星光大道，約有六十米，藉由三段式色彩變化，讓新人一步步篤定走向紅毯的那一端，延長幸福感。此外，圓形主桌台可以升降，直接連接到舞台，步步高升，百年好合，徜徉一體情牽的同心永結。

### 天花板設景，大氣之觀

陽宅風水學的角度，通常認為不要使用過多鏡子，但在這樣的婚宴會館，我覺得可大量使用，一方面讓全部空間打通的時候，於「形」構成一個整體，盡顯大器之觀。因此，關乎空間由小而大，或由大而小的變換，針對觀念、手法、細節和材質，都會有所不同。

### 地板金元素，喜氣盈滿的能量

商業空間為了便於清潔考量，偏向使用暗色系，亦能凸顯出整體燈光情境，在此同時，我還加入很多金絲馬賽克，希望新人步入婚宴會館當中，能夠真切感受喜氣洋洋的氣氛，也能增添整個地面上的能量。

正因為作為婚宴場合，瞭解業主的氣質、態度、經營事業體之後，佐以佳餚美食，加上五行「金」元素，和整個宴會館大量使用白色系木作搭配，透過一定程度的比例調配，更能精準的量身打造幸福空間。

### 登高遠望，站上幸福鐘塔

此案藉由觀覽空拍圖，設置吉祥物，成為重劃區當中最高的建築物，「幸福的鐘塔」，自此樹立自身地位象徵。

同時於規劃之時，將格局不足之處和技術上的限制，透過我的室內設計手法，加以翻轉，於入口處做了一個迴旋梯，希望形成一定程度的上升氣旋，帶旺入口氣場，兩者都做了通盤完備的考量，完成業主的安心交付，也幫助一對對新人們，登上幸福塔樓。

# 靜心之候，
# 美感等待

「如果你不知道你要去哪裡，那麼現在你在哪裡一
點都不重要。」——路易斯・卡羅（Lewis Carroll）

寫作奇幻童話作品《愛麗絲夢遊仙境》的卡羅，描繪
女主角愛麗絲，從一個神祕的兔子洞掉入充滿奇珍異獸
的夢幻世界，過程情節充滿無限冒險與驚喜。

「如果看診等待過程，能夠充滿美麗的想像，也許就
能沖淡那種焦慮，也不那麼枯燥了吧？」我這麼想著。

要怎樣能讓等待者，享受等待，同時願意延長等待？

俗語說：「牙痛不是病，痛起來要人命。」當初一位
牙痛，求助一名牙醫師，如今卻因緣巧合受他的委託，
幫忙設計診所，有時候不免開玩笑：「要交到好朋友，
就讓醫師拔走兩顆壞牙吧！」

以一名患者心態，會走進牙醫診所的時候，通常已
經是十萬火急的不舒服，若是還要抬頭看輪播的電視新
聞，打發漫長的候診時間，不免痛上加痛，更添不奈。

「為什麼到醫院掛號候診，不能像在家裡一般舒
適？」從此點開始發酵，我把電視設計在櫃台的同一個
面，那麼病患就可以好好地坐在沙發上，以符合人體工
學的角度觀看影像。

再之，考慮到牙醫通常為預約制，因此電視在櫃台
上，就不會因為多人走動，而影響病患觀賞電視的狀況。

繼而談到跟陽宅的排水，牙病診療過程得不斷地漱
口，漱口就需要良好的排水設施，一般而言會採取架高
方式，讓水自然往低處流。

ID
地段 / 文教區
格局 / 醫療診所

　　然而在墊高的同時，門開中路，把水放中路出去，一進一出、一來一往，財富都留不住。

　　身為精熟設計與陽宅的我，知道工程上的排水需求，放水方位和氣場息息相關，必須貼心提醒業主，避免造成後續遺憾情事發生。

　　不管是否讀報紙、滑手機，或是仔細欣賞空間設置，讓自己也成為其中的一個物件，發現當下即是極具美感的停候，做些什麼，不做些什麼都無所謂，因為在靜心等待的過程裡，似乎也同時完成了自我身心的救贖。

　　如此一來，複雜工法和巧思背後，就達成了耐心之候，美感等待的最大目的。

　　人來人往的牙醫診所，同樣屬於武場的空間設計，前場為候診區和看診處，後場還有牙醫師的辦公室。

　　不同於住家陽宅偏向溫馨取向，供人療傷養病的醫院診間，則考慮能夠讓人靜心休養的擺設物，好比說牧羊人油畫或花瓶等靜物擺飾，較為適當。

### 優良排水，影響健康

同樣是武場空間的餐廳，截油槽也需要設置排水，需要留意不可壓到房子的中軸線，尤其當化學池管線壓到中軸線，則是不佳的格局。

同樣地，若把重要管路放在一個中心，會造成建築結構不夠穩固，針對陽宅進行評斷，因為中宮屬土，如果一個大水管流瀉過去，使土濕潤不成比例的話，對於屋主的皮膚健康各方面，難免會造成一定程度影響。

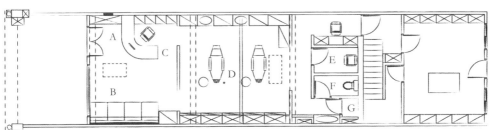

A：書報區　Books zone
B：等候區　Waiting area
C：櫃台　Counter
D：治療區　Treatment area
E：X 光室　X-ray room
F：廁所　WC
G：儲藏室　Storage

再者，牙醫診所有間 X 光室，用作全口攝影，重點在於避輻射漫出，考量放電原理，此處要壓在遠離整個大氣的空間，不讓室內氣流有所影響，所以在工程技術上，除了得留意鉛板的使用，還要關注方位和整個動線的連帶關係。

硬體設置完成，就要留心美學概念，針對牙醫診所空間，考量到患者需要長時間仰躺，因而把更多心思花在天花板上，採用間接燈光、造型，營造多層次、巧變化的光影型態，由衷期盼每位患者能夠於停駐期間，一方面欣賞空間美學，消除靜候的不耐，一方面稍稍忘卻病痛。

村上村樹曾說，我一直以為人是慢慢變老的，其實不是，人是一瞬間變老的。然而等候過程，除了慨歎時間流逝之外，還能穿越時間場景，回憶過往，感受當下，以及揣想未來，一如愛麗絲躍入兔子洞，來回之間，讓身心靈益發圓熟。

## Home Scene

### 醫病之間，門面之外

設計過小兒科診所，醫師曾對我說：「診所生意很好，因此推出電腦掛號，方便父母在家候號，使得診所裡無人排隊等候，讓人以為我的醫術不是很高明啊！」我也曾經遇過另個業主：「我沒有採用電腦掛號，於是後診室老是大排長龍，人家還以為我不太熱情，冷待我的患者……」

以上兩例儘管為玩笑話，卻也凸顯出空間設計的重要。

醫病之間首重貼心關懷，診間內外，除了重門面，還要重裡子。這裡子，除了包含醫師的醫德、醫功，還包括空間設置和風水格局的良窳。

因此，當我在設計關於醫療院所的案子，例如小兒科診所，就會考量於騎樓的上方，加設一些可供親子互動的圖案或是遊戲，增加等候的興味，空間可以是遊戲點綴，也是生活的延伸。

## Home Scene

### 中門編宅，留意大門和轉欄

一些較為傳統的透天店面，都屬於較為長形、採光稍微欠佳的室內空間，開中門一定是最省空間的作法。然而以開中門的陽宅而言，以座到向，開中門的編宅，相對要利用大門作調向動作，或者轉欄規劃，才有利於之後的規劃。

此牙醫診所則不需要，因為它本身具有好座向，只需留意採光，考量助理需要在櫃台前幫患者掛號、收付，在側邊預留可供調整光線的捲簾，同時設置大片玻璃使櫃台敞亮光明。

附錄

Appendix

心動時刻的「好家主張」，打造一處讓自己也讓家人心動的居所，一起動身回家！

出發回家
# 14 天美好家居
## 滿分提案

回家，沒有藉口。

忙、盲、茫，拉扯在夢想與現實之間的距離，累了嗎？

關於家居的「滿分」提案，不再存於腦海中的未來想像式，而是改

造現場進行式，只需兩週14天，重新規劃築夢里程，不只設計人

生、翻轉美好，更要讓幸福自動設定。

一起出發回家，打造一處讓自己也讓家人心動的居所吧！

# Day 01_02
## 格局動線 x 家居風格規劃

現代建築儘管充斥著許多繽紛樣貌，當然設計也有不同的創新。然而運用在空間上，也會有所侷限，就像不同大樓，格局與動線幾乎都會近似。

「每個人都有一個夢，才不會孤單的說話。每個人都有一個家，才不會在夢裡害怕。」誠如知名歌手張惠妹在《空中的夢想家》唱出的心情，要成為一個夢想家，就從打造自己的夢想空間開始！

## 老宅工業風

老屋翻修，最常見的改造方式——「工業風」。因為屋齡較為久遠，自有一股渾然天成的水泥牆灰色系氛圍，搭配木質系列傢俱、水管鐵件的衣桿書櫃，還有不鏽鋼的廚具、水管拉線燈具，就可以輕鬆打造出一股原始粗曠，卻又井然有序的工業風格。

Day
01_02

Day
01-02

### 清新北歐風

備受喜愛的「北歐風」，大致上可分為
簡約線條（Modern style）以及自然休閒
（Nature style）兩種，北歐元素多半採
用清爽的白色、原木色、黑、棕色系為
基底，開放式空間可以營造明亮寬敞的
視覺效果，不用繁瑣複雜的壁飾，搭配
自然系原木、棉麻、竹籐、陶質等素材，
既簡單又實用。

### 溫馨鄉村風

北歐風設計，有時候會讓人誤以為是「鄉
村風」，同樣是採自然材質打造居家空
間，有些不同的是，鄉村風通常會在「色
彩」上強調風格，比方說地中海的印象
就是藍白色、法式鄉村是赭紅色、西班
牙鄉村則是磚紅色等區別。

另外，還會使用馬賽克的拼貼設計，作
為妝點布置的變化，有時可以搭配英美
鄉村風格的小碎花裝飾，充分表現田園
鄉野的氣息。

## 單人小品風

若是小坪數的套房或是單人空間，可以參考「上床下桌納」的設計風格，上方是床鋪、小書桌以及角落擺設小燈照明，下方則是具有多種功能的收納櫃，再之針對不同現況配置廚廁（女生甚至可以打造一個夢幻更衣室），使得小空間也能充分得到利用，再搭配個人喜好簡單又省錢的壁貼，就可以輕鬆擁有舒適且機能性高的居家空間。

風格的多元，來自不同材質、燈光、色彩等元素搭配，不管新屋設計、舊屋裝修，或是小坪數的套房，「大可以好、小可以巧」，所有空間都能有不同的風味，一顆想回家的心油然升起，趕快營造專屬自己的幸福家居吧！

# Day 03-04

## 觀景色彩 x 燈飾窗簾採光

色彩，可以決定一個家的風格走向與藝術品味。

如今裝修設計，不再像以前只是塗塗白色油漆，看起來乾淨即可。可以在色彩計劃上多加著墨，讓家的整體感受更為鮮明。

最簡便的方法，當然就是家裡都使用同一色系，看起來既有整體感又乾淨俐落。不過家中成員一定有不同個性與想法，因此設計時，可根據不同房間、空間，調整色彩燈光。比方說男性，通常以黑白色系為主，擺放黑棕色傢俱，或盡量以原色調為主。女孩房，相對會有較多色彩選擇，暖色系風格相當溫馨，能讓房間充滿幸福感。或者，用木質、大地色系進行改造，若是搭配白色木質傢俱，讓整體空間寬敞明亮，也能不受限於性別。

燈飾與窗簾，可搭配房間色系選用，除了餐廳以外，其他空間較不建議使用吊燈，比較會有風水和安全問題。一般使用柔和的立燈，即可營造暖心基調。如果有儲物櫃、系統衣櫃、書櫃，也能在櫃子裡面裝置小的感應燈，讓家庭裡的每個角落，都有明亮的發光配置。

家居設計當中，需要留意燈光與色彩等微調配置，挑選一個屬於自己喜愛的燈光，進而點亮心中的絲絲暖意，回家之路自然不再遙遠。

# Day 05-06

## 起居傢俱 x 傢俱選購佈置

當我們擁有或改裝一個家屋，最先考量的就是傢俱選購問題。

首先，可以試想家庭空間大小，根據住家坪數選購新的傢俱。常常很多人會一股腦地想要有金碧輝煌的大器裝潢，往往忽略動線設計以及空間配置，一旦擺設之後，反而造成視覺上的衝突與生活不便，也會造成住的失衡、心的失序。

如果想為自己挑選傢俱，或許可先從色系、材質下手，才不至於因為一時喜好，而購買了不搭調的傢俱飾品。

客廳，反應了家的表情，也是家運的集散場所，可以先從客廳的陳設進行，進而延伸動線到飯廳、起居室等規劃。

現在有很多櫥櫃設計依據坪數規劃，整合收納功能，規劃大面積且美觀實用的系統櫃。當我們決定了一種風格走向之後，設計師即能推薦一套完整傢俱，就無需自行盲目採買，也不用煩惱空間大小問題，如果能規劃出 L 型的工作桌或是節省空間的平台，就好讓家裡的每個地方都能充分利用。

儘管好事總多磨，但追求一個好家的心念絲毫沒有藉口，讓我們繼續前進！

Day
**05-06**

# Day 07_08

## 好睡寢飾 x 舒適臥房、床枕及其他

「休息，是為了走更長遠的路。」然而，休息的方式有千百種，只要能讓自己的心靈隔絕紛擾，都能讓潛在能量再次醞釀。

先不說遙遠的規劃或假期，每一天、每個人都需要的休息，就是睡眠；千古以來，無人例外。

如何睡得有品質，幾乎是現代人最常面臨的考驗。就陽宅風水來思考，盡可能達到各種吉祥圓滿的擺設位置；但設計方面，也是不容忽視。

當床框床架定位、居家設計到位，更需要的是，貼近我們身體肌膚的床墊與枕頭。床墊的選擇相當重要，傳統觀念裡，大多選購獨立筒彈簧床墊，一來是習慣，二來因為獨立筒之間的空隙有助防潮。

不過在歐美國家，流行泡棉床墊與記憶床墊，泡棉床墊的密度高，睡起來貼合身型且不易造成身體負擔，而記憶床墊也有相同好處。只是床不能更換主人，不然就會「喪失記憶」了。現年也有乳膠床墊的選擇，許多人都有鼻子過敏情況，主打可防塵蟎的乳膠床墊，也是不錯的選項。

同時需注意小朋友和老人家的床墊不能太軟，會影響骨骼發育、身體保養。

如果習慣了彈簧床，又想要有符合人體工學或防塵蟎的床墊，其實有個很簡易的方法，即在彈簧床墊的上面鋪一層約 4 到 8 公分的記憶或乳膠薄墊，就可輕鬆擁有雙重效果。

又或者，床墊不能做到的，交給枕頭來做。選用記憶枕頭，讓自己的睡姿與肩頸能夠完全的放鬆。有的人不習慣睡枕頭，但其實是不健康的習慣，不睡枕頭極有可能讓脖子空懸著，造成脖子的負擔。

睡覺，可以褪去一日疲憊。因此選擇寢具之前，記得多做些功課，除了幫助提升睡眠品質，也能使身心靈達到完整而舒適的休憩。

Day

07-08

# Day 09-10

## 植栽氣味 x 植物擺放、氣息營造

每個人的心中都有一片屬於自己的秘密花園，然而抽象的心靈層面並不能見，現在可以透過專業的庭園設計，打造這塊園地。

如果是透天厝，應該有一樓庭院可以運用，足以打造出頂樓的空中花園，搭起花草拱橋，採用白色或木質系列的桌椅點綴，就像身處舒心愜意的歐陸，喝著忘憂的下午茶，若還能有小小的鞦韆，更能拾起童心童趣。又或者舊大樓公寓，稍微整理前陽台的植栽，可讓家居充滿生機盎然的氣氛，現在也有許多人放置小流水，做個藝術造景，更有財源滾滾來的好兆頭。

**Day**
## 09_10

談到小坪數的家庭空間，沒有陽台設計，也不需太氣餒，還能有其他方式把這股「生氣」帶入家裡，比方說可在茶几上放個小植栽，或是在窗台前種植一些綠色植物和個人喜愛的季節花草，都能享受綠意帶來的優閒舒適之感。

植栽無需貪多，除了不好整理之外，也怕積水等蚊蟲問題，驚擾破壞原本美好的園地，也盡量不要用假花裝飾，當我們更靠近「真實」，才能擁有與體會那股清新美妙帶來的花草芬芳。

「一花一世界，一草一天堂。」植栽讓我們更親臨自然的美好，即便身處水泥叢林，依然可以營造出有氧世界、花漾天堂。

# Day 11-12

## 廚廁器皿 x 衛浴空間、廚房中島吧檯

衛浴與廚房是每日生活的必經之地，解決了人之大欲，有個乾淨整潔的廚廁空間，不僅攸關家庭生活品質，也帶給自己和家人好心情。

浴廁方面，馬桶的選購也是有點學問的。日本建築會使用免治馬桶座，所以即使在寒冷冬日，也不會坐上冰冷的馬桶蓋，並具有衛生功能。

此外，馬桶也強調環保省水與靜音，尤其在主臥、套房的設備建議上，靜音馬桶才不會在沖水時，打擾到還在熟睡的伴侶和家人。假使坪數夠大，還能打造一個空間，放置檜木桶的浴缸，在寒天裡或下班後泡澡，是人生的一大享受；如果坪數較小，就會比較強調機能性，採用乾濕分離的淋浴設備、分段式的 SPA 淋浴柱，可讓身體不同部位有按摩減壓的效果。

Day
## 11-12

Day
11.12

廚房的規劃，首重動線，需要考慮到清洗區、調理區、儲藏區、烹飪區的工作流程。
調理區會在清洗與烹飪的中間，或是另有一個單獨檯面，並配合使用者的人體工學、
手肘高度，可以不費力的自然拿取做菜。清洗區則要留意瓦斯、水管的管線配置，
通常也會再安裝一個淨水設備，確保食安健康。

烹飪區會有瓦斯爐、排油煙機、烤箱、微波爐等許多電器，要注意爐火的安全問題，
並且隨時注意油漬的清理。儲藏區最重要的就是食材、器皿、碗盤、鍋具的收納空
間，依個人飲食習慣搭配櫥櫃五金。

這些都要依實際的廚房空間大小作規劃，才能量身訂作大容量的收納櫥櫃，讓廚房
的食物器皿，都有妥善的存放之處。

另外，很多現代廚房會有吧檯，做出中島，將廚房與客廳或其他空間界定開，非常具時尚感，吧檯設計最重要是衡量使用者的高度，才能讓手肘和桌面之間有合乎人體工學的尺寸。此外，對於小家庭來說，也可將吧檯桌設計成餐桌，並於檯面上嵌入電磁爐，兼具實用性及時尚感，在特殊節日也可以有不同用餐氣氛。

常言「魔鬼藏在細節裡」，對於居家設計來說，任何一個空間都不能輕縱，雖然廚廁往往佔據生活中的大部分時間，卻和我們的健康問題息息相關，於是即便再小的地方，都可以細心貼心的規劃，按部就班，更臻完美。

# Day 13_14
## 好物傢私 x 生活中的小巧思用品、物品擺飾

室內設計陳列布置，生活擺飾通常先選定個大方向，讓整體感覺搭配且互不衝突，但考量到家人之間不同的習慣與個性，其實還能有不同的巧思，譜出一種異曲同工的混搭之感。

就我而言，希望空間配置有更多的儲物空間。因此針對不同個案，規劃出不同的收納功能，比方說最常見的抽屜式收納，打開抽屜即有許多夾層，大抽屜之間還有小方格，猶如俄羅斯娃娃，使得家中大小物品整齊安置、井然有序。

如果是書櫃收納，又可有一種雙層書櫃，利用小軌道移動前方書櫃，對於喜歡收藏書本的人來說，不但取書方便，又可以有更多的空間利用，且能依照不同大小的書本放入層板作出區隔，CD、DVD 亦能收納其間。

就居住者來說，最簡便的風格改造小物，當屬壁貼、黑板漆、磁性漆，可以依照不同年齡層、不同個性、不同喜好個別選用，像是喜歡旅行的，可選用景物特色的壁貼、小孩房可選擇色彩繽紛或卡通樣式的壁貼，追求浪漫的新婚夫婦，也有夜光效果的壁貼……，另外，還可製作一個小小留言板，貼上滿滿的照片回憶，讓人身處自己夢想的童話大地，深切體認到家的意義與美好。

大至整面牆的立面設計，小如電腦 USB 插頭，都能有相當多的小巧思發想，且不失功能性，例如 USB 就有保溫杯墊、鍵盤吸塵器，可愛的保暖滑鼠手套等小物，即有許多延伸妙用。

有時候，我們會在豪宅當前有所迷惘，覺得需要砸大錢擁有大坪數家屋，才能打造出優質的居家空間，其實任何空間只要運用巧思與用心，即能有效利用、輕鬆改造。

今天起，不需要望「宅」興嘆，跟著建築空間設計職人——張瑜良，14 天美好家居滿分提案，心動時刻的「好家主張」，要你一同起身回家！
這份滿心幸福的表情，將因眼前的家，不自覺地舒展開來。

# 設計弄人｜
# 常見室內格局禁忌 20 問

「好的老師帶您進殿堂！」
當陽宅老師提出問題，若能用科學角度進行設計上的修飾、改善，或化解陽宅先天缺失，可以減少屋主的金錢花費與精神耗費。

## ⌂ 關於大宅……

### Q1 天斬煞→兩棟高樓間的狹窄空隙

**迷思**
安置風水鏡或銅神獸

**Tip**
房屋面對「樓隙」，因樓隙的中間部分，風切應力強勁，長期風力作用同時夾雜污染的空氣、灰塵等，對人體有一定的傷害性，風水鏡或銅神獸顯然無法改善，此時可以調整大門口的方向，或於室內加上石材隔屏，才是有效的遮蔽。

### Q2 蜈蚣煞→住家外有高壓電塔

**迷思**
掛公雞圖、凸面鏡

**Tip**
就科學角度而言，可選用防電磁波的特殊油漆，或使用防電磁波的窗簾，也可以在玻璃上面貼反光的大樓隔熱貼紙，有時房子交屋後，已經沒有辦法再改變玻璃種類，但是貼上反光隔熱貼紙，應該會比掛一幅雞翎圖、一面凸面鏡，或反光鏡之類的裝飾物，要來得有美感，並有科學根據一些。

## Q3 反光煞→對面樓房的玻璃因陽光折射，而將光線投射進屋內

**迷思**
使用乾坤八卦圖

**Tip**
以現代科學的觀點來看，現代都市中的反光，大部分都是人為所致，屬於光污染，刺眼光線會使人煩躁，產生想要逃避的負面情緒。一是採用調光實木百葉遮擋；二可在窗子上選貼磨砂玻璃紙，減少反射光直射進室內，即可安然化解。
除了白天反光，若是晚上月光照射之下，別人家的屋角影子映在客廳內，一般民俗專家認為並不妥當，也要特別留心。

## Q4 路沖→房子正對馬路或車道

### 迷思
門口擺放凸面鏡、風水鏡、石敢當

### Tip
建議在門口外圍加做一個「節能採光」的格柵，一方面可以安撫心中的不安，加強隱私，一方面格柵可消音，並有降低噪音的效果，同時更有助改善西照日問題，發揮分散掉陽光作用，家中室溫自然不會太高。

或是可於屋外擺放堆砌空心磚作圍牆，或採用鋁製的塑鋁條，都能兼具美感地輕鬆化解路沖問題。

全熱配管

## Q5 風煞→屋和高架橋相鄰

### 迷思
使用乾坤八卦圖或風水鏡

### Tip
尤其在人口稠密的地方，越是精華地段的住宅，自然容易出現壁刀、風煞（音煞）。想改善音煞困擾，只需在屋外做隔音牆、隔音窗，再依現今建築技術，搭配「全熱交換器」，即可克服室內空氣品質的問題（人為換氣）。或在前陽台種植美觀植栽，一方面過濾空氣（自然換氣），一方面還可減弱聲音帶來的困擾。

## ⌂ 關於客廳、大門……

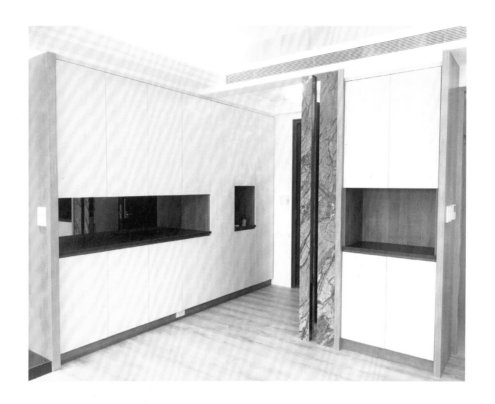

## Q6 穿堂煞→大門正對落地窗、後門、窗戶

**迷思**
在入口處裝修不透光的玄關櫃或屏風遮擋、封住窗戶、掛水晶珠簾

**Tip**
當三個門同在一個線上，形成三個氣口，加速空氣對流的力道而構成煞氣，有人稱之穿堂煞，也喚作一箭穿心煞。設計同時，要思考陽宅問題，假使誤判為穿堂風而擋起玄關入口，使入口方位轉向，前因未知後果，沒有弄清楚家中方位問題，就無法真正藏風聚氣，也阻擋了財神爺駕臨，不可不慎。以現代科學觀點來看，只要開了大門，沒有正對後門或窗戶即可，故不封住也沒關係。

## Q7 沙發背後無靠

**迷思**
安置麒麟、銅製品補形

**Tip**

這裡得再釐清一個觀念,不是說背後沒有靠的時候,就必須要掛個什麼有形的裝飾。有時候沙發後接著開放式空間,並無實牆可靠,可能要改為和大門同方向,才有辦法靠在牆面,但是將沙發面向家中,也有人認為看不到門沒有安全感,就像是管理員的感覺。

若能結合科學設計角度,調整兩處靜方,當後方空間非開放式,就有一道隔牆,隔牆前方擺放沙發,即可面向大門,動見皆觀瞻。最後還是建議屋主取個小凳子坐下來,兩邊都坐定看一看,哪邊的視野景觀覺得舒服,選擇自己較為喜歡的朝向即可,無需過度憂慮。

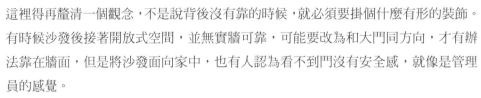

## Q8 L型沙發沒有財位

### 迷思

牆上張貼紅紙、安置聚寶盆、吊掛古錢幣

### Tip

款待友人來家作客，營造舒服聊天環境，L型的沙發或三加二的沙發都是不錯選擇，差別在於L型沙發， 沒有可擺茶几的位置，為了改善L型沙發沒有好布置財位的限制，可採窗簾盒包框，利用包框工法，於包框同時預留一點空間，設計矮櫃、層板，就可以在上方擺放水晶洞、鹽燈等招財小物，一方面增加收納空間及陳設平台，一方面滿足財位招財需求。

## Q9 大門正前方擺放穿衣鏡→關係失和、破氣

### 迷思
改放在臥室，或改放小鏡子

### Tip
整容鏡、穿衣鏡放於大門正面，開門照見一進一出，人丁就不興旺，因此可改置於玄關，隱藏門片後方，或是大門側邊，採用推拉門型式拉拖。事實上大樓起造之時，建築師通常會把柱子結構設計在玄關旁，每戶每戶的門則挨著樑柱結構，因此大部分門旁會有一根柱子，此時的樑柱若無收納功能，就可順勢而為作成穿衣鏡。

## Q10 開門見神案

### 迷思
貼紅紙、綁紅線隔開

### Tip
基本上玄關大門正面不宜放置人偶、肖像，臥室、浴廁旁也不應有神明廳擺飾。其實神明是受人敬仰膜拜而來，人不喜歡什麼，就可對應到神案的格局，像是對向不要切到窗戶、屋角等，只要留意神案的朝向即可（動靜方）。至於，神明廳要設計在一樓或頂樓，除考量個人習慣因素之外，還要考量整體格局的規劃與坪比、坪效的運用。除此之外，若非招待所或商業空間，斷掉的馬頭或是佛尊頭像這一類藝術品，住家最好避免。

開門前

開門後

## Q11 大門對內外樓梯

### 迷思

放古錢幣、六帝尺

### Tip

當一開大門就看到屋外樓梯，象徵著運勢走下坡，此時如果腹地夠大，可讓空間稍有轉圜之地，建議做出一個半高有穿透性的小門片，彷彿小庭院，格局上就能破解；如果腹地不大，可將大門往內退縮，改換門的方向。

若是一進門即看到地下室樓梯，不管是否為穿堂煞，都要遮擋起來轉移方向，才不會令屋宅有洩氣之感，可將此處樓梯側邊設計成電視牆，一來節省空間，二來不會影響財運。

## Q12 大門入門斜對角開窗

### 迷思

掛一組五行天然水晶珠簾

### Tip

大致說來，大門開啟的左右側45度角之處，正是所謂的明財位，空間比較小的房子，如果有大面積落地窗，可選擇在落地窗上，貼上完全不透明的大樓隔熱貼紙，形成一堵隔牆，財位自然不漏空。

假使後方緊鄰著開放式書房，客廳加上書房相連的落地窗或窗戶，在這之間寬約100至120公分的牆面，就可以包窗框合併作成展示台，擺放招財法寶，讓財源福氣滾滾而來。

# 🏠 關於廚房……

### Q13 廚房居中

**迷思**

在廚房周邊安置 36 枚古錢或銅鈴、瓦斯爐上安置一對八卦麒麟

**Tip**

若是灶位不在房子的十字線上，雖然影響不大，但就陽宅格局來說還是不太建議。此時室內設計上的重點在於空間的區隔，避免前後不分，導致氣場混亂，因此廚房要有一條走道可以直接走到後陽台，與之相連，即能克服。

### Q14 樓梯沖瓦斯爐

**迷思**

放置古錢幣化解

**Tip**

當走下樓梯看到瓦斯爐，可採具有穿透感的隔屏，空間許可之下，還可設計高度一定的中島或吧台，高低差之勢就能不直接看見爐灶，是透天和獨棟別墅較為適用的方法，也能阻擋油煙飄到樓上，不影響臥室空氣品質。

# ⌂ 關於浴廁……

## Q15 廁所正對房門

**迷思**

在房門和廁所門都掛上古錢幣作化解

**Tip**

最簡單的作法，可用門簾直接美化，或設計暗門或推拉門遮擋。就我的設計手法，可藉由走廊天花板的高低差（造型）、地板鋪設的走向（人字貼／斜貼），把空間區隔開來，都能輕易化解門對門的情況。

此外，廁所裝修重點，還要避免直接面對睡床，人的肺臟就像是空氣清淨機，八至九個鐘頭的放鬆舒眠，難免吸入洗手間過多的穢氣，像是阿摩尼亞、氯氣或濕氣，對於健康並無益處。

## Q16 浴室陰暗、潮濕→密閉無窗

**迷思**

擺放多面鏡、風水鏡，加裝多盞燈罩、除濕機

**Tip**

若浴室無對外窗且通風不佳，空間陰暗潮濕，導致有形無形的穢氣聚積，恐有衛生之虞，不利健康和運勢。我建議直接採用「五合一排風扇」，具備照明、排風、換氣、除濕、暖房等五大功能，增加浴室空氣對流和採光效果，可說一應俱全。同時可於浴室擺放耐濕性的植栽（例如黃金葛、蕨類植物），讓植物行自然光合作用，即是輕鬆轉換能量的作法。

## 🏠 關於房間……

### Q17 鬥口煞→房門對房門

**迷思**

安置古錢幣、六帝錢、葫蘆或六帝尺

**Tip**

房門對房門，若兩人同時出門，雙方容易碰撞、摩擦失和，或是一方隱私易被另一方窺視，而衍生衝突。若是公寓華廈有此種情形，可在走廊盡頭巧妙調整各個房間門位置，讓格局上形成內玄關，即能化解。

一如本書 PART4「探景觀天，坐擁北歐之星」案例，原是長方形格局，廚房到房間橫跨家中三分之一的距離，開了門又見窗，加上外門、內門、房間門相對，藉由設計解決問題，因此調整比例，把隔牆打掉，又能增加坪效。

原屋況

改造後

### Q18 樑壓床頭

**迷思**

安置山海鎮，在樑底天花板漆上紅色漆，掛玉墜子

**Tip**

就人體和科學角度上，人的頭上不喜歡有重物壓置，樑的形狀就會使人感到壓迫，像支大扁擔，導致焦躁不安，嚴重影響睡眠品質。避免此類直覺感受，一可直接轉移床位，二可放置與樑同深的床頭櫃或床頭板（依樑的深淺），三則是將樑結合天花板作造形，消除壓迫感。亦可在床頭擺上檯燈或立燈，藉由往上打的燈光，一來化解形煞問題，一來營造氣氛。

## Q19 書桌前緊靠牆面，無留明堂

### 迷思

擺放風景畫、加裝烤漆玻璃

### Tip

書房的重點是書桌，書桌和辦公桌不同。書房跟小孩房一樣，想有利於讀書考試，要先找出「明」文昌位置，意思即是說，鄰近明亮的窗邊，有利於閱讀。

假設面對牆壁，不建議用烤漆玻璃讓空間延伸，反映出自己而無法專心致志。室內設計的解決方式，只需要在書桌或工作桌上櫥（書櫃）下緣加裝層板燈，營造幽靜氣氛，把空間加深、打亮，即能輕易化解。

## Q20 品字門→人多嘴雜，家人易逞口舌是非

### 迷思

各掛一顆水晶球、八卦麒麟

### Tip

家中走廊若有三個「開口」相近，即稱之為「品字門」。只需將洗手間做成隱藏式的門，即是快速化解的方式之一；若是遇到三個門都屬房門，可將其中的書房門直接拿掉，成為無門框的開放式空間，等於將門的有限概念化於無形，有助於達到視覺、動線、空間和氣流的柔和延展。

此外，關於大門、房間門、廚廁門應有相對的門高比例，三者高度和大小的理想狀態，分別以大門最大最高、房間門次之、廚廁門最小，因為廚廁屬聚陰之處，建議廚廁門小一點較為理想，而廚房門和廁所門可一樣大。

# 改造現場 |
# 常見裝修實務 NG20 問

家中房子雖老，不一定就不好，花點巧思重新裝修改造，一樣可以「千年傳統、全新感受。」

享受「舊瓶裝新酒」的現場改造，不僅令人耳目一新，也能彷彿置身在渡假天堂！

## 🏠 關於樓中樓……

### Q1 樓梯底下的小型儲藏室

**Know-How**

為了充分利用空間，往往樓中樓的樓梯平台下方會有一個小型三角形的儲藏室空間，但因處於暗處，很有可能堆積灰塵，清掃不易，東西越堆越多。

**What Can I Do**

我們可以把樓梯底下的空間做成「開放式」的收納隔層，喜歡看書的文青也能在下面設計系列書櫃。不但可以保持樓梯底下的乾淨，也能讓空間的視覺效果明顯變大。

### Q2 一成不變的樓梯

**Know-How**

室內的樓梯老舊、又窄又斜陡。

**What Can I Do**

日前高捷有把樓梯改成鋼琴，在瑞典首都斯德哥爾摩就是把地鐵出口的樓梯改裝成鋼琴鍵，在每個階梯下裝音符感應器，讓走樓梯也多些趣味。當然如果家裡並沒有那麼多的預算與台階，不妨就用自己喜歡的色系做個漸層的感覺也是簡單又大方的選擇。同時，加大第一階也可有效放大視覺，更便利於上下樓梯時的動線順暢。

# 🏠 關於客廳……

## Q3 玄關擺放鏡子

### Know-How

現在很多設計因為玄關會擺放鞋櫃，於是會有一個整容鏡、穿衣鏡，這的確有必要。可是玄關放置鏡子容易讓人產生錯覺，有情緒不安之感。

### What Can I Do

其實玄關是不宜放置鏡子的，若剛好直對大門，會有反射出「門對門」的狀況，在風水上容易引發口角糾紛的問題。上面有提到會放置鏡子是因為通常會有鞋櫃，既然如此，我們可以做高的鞋櫃，然後在鞋櫃門後黏放鏡子，隱藏在門片後面。

## Q4 房門正對大門、進門見廚廁

### Know-How

現在有很多建案，考慮到動線的規劃，藉以利用空間，因此臥室的房門便正對大門，或是一進門就先看到廚房、餐廳、浴廁。但臥房是人休息的場所，而大門是家人、親朋好友進出的地方，一靜一動的氣場會產生相互衝突之感；另外，開門見廚房、浴廁，也是陽宅的大忌，會影響家中財運與健康，更甚人際關係。

### What Can I Do

利用衣帽間或玄關隔屏的遮蔽，有效使進門的視線不會直接看到房間，或是可以將客廳後方隔間打通，改善問題又增加視覺穿透感。

## Q5 客廳堆滿雜物

### Know-How

客廳如果沒有做好收納空間的規劃，長此以往就很容易堆積許多家裡的雜物，會影響到整個家裡的動線，也會影響家中的運勢。

### What Can I Do

客廳的電視櫃、櫥窗、茶几都可以規劃一系列的櫥櫃收納，讓置物空間隱身在客廳裡，不浪費空間也可以井然有序、乾淨俐落，在打掃時也能相當方便。

## ⌂ 關於陽台⋯⋯

## Q6 前（後）陽台的空間擱置或堆滿家電、雜物

### Know-How
大部份建案，一入門就是客廳，不會經過前陽台，前陽台的空間就會浪費，或是拿去堆放雜物。而後陽台，因為會有洗衣方面的工作需求，就會堆滿許多家電用品，雜亂無章。

### What Can I Do
陽宅學說「前陽台看主人家的事業，後陽台看子孫發展。」前陽台可以做出一個平台來栽種花草，安裝一個庭園燈，呈現出層次感，也能象徵主人家的事業光明；後陽台可以做為曬衣空間，在外側加做百葉，保持採光與空氣的流通。

# ⌂ 關於餐廳……

## Q7 餐廳裡擺放鏡子

### Know-How

餐廳通常會有一些食品、水果、禮盒等等，有時候會想要擺放鏡子，映照出更多東西，代表豐衣足食。但鏡子的擺設其實有很大的學問，就陽宅規劃來說，一間房子裡不要有太多的鏡子，否則容易致使人有太多虛幻之想、錯誤之覺。

### What Can I Do

想要營造出餐廳的用餐氣氛，最主要的是燈光。可以選擇晝光色的光源來當主燈，看上去是溫暖色調，演色性強，菜餚自然就有色香味俱全的感受，不用再單靠鏡子來製造虛構影像。

## Q8 不規則的餐桌、沒有餐桌

### Know-How

有很多現代或原木的餐桌家具，會有不規則的桌面；又或者因為坪數受限，而沒有放置餐桌。

### What Can I Do

傳統的「民以食為天」這種想法還是有一定道理，而且餐桌是凝聚一個家庭氣氛的重要場所，建議無論坪數大小還是要擺放餐桌。現在許多餐桌都兼具著收納功能，或者從小餐桌變大餐桌的人性化設計，都可以參考；再則，餐桌以選用圓形或方形為主，圓桌可以代表著一家團圓的歡愉氣息，方桌則是給人一種方正平穩的感受，都互為理想。

# ⌂ 關於廁所……

## Q9 半開放式的廁所

### Know-How

有些設計會把主臥、套房的廁所做成半開放式，節省空間也頗有現代感。但是就實際狀況而言，濕氣、穢氣、臭氣都會充滿屋內，還必須考量到風水的門對門、門對床的問題。

### What Can I Do

在設計規劃上可以做暗門、拉摺門、推拉門來克服，再加上洗手間的通風百葉，這樣可以幫助把一定程度的濕氣、廢氣阻隔在外，不但美觀，對居住者的身體健康也較為理想。

## Q10 廁所在廊道盡頭

### Know-How

浴廁本就是一間房子的陰濕之處，若又設在走廊盡頭，再壓錯方位，在風水上是大大不吉利，容易聚集陰晦之氣、汙穢之物。

### What Can I Do

廊道盡頭除了不要是廁所之外，也不要規劃成臥室來住人，建議可以做為半開放空間，讓坪效發揮到最大，且兼顧陽宅喜忌。在設計廊道空間的時候，必須因地制宜，根據現場屋況採取不同設計手法，可以從天花板和地板來加以變化。

## Q11 浴廁改成臥房

### Know-How

現代的建案大樓管道間，整棟大樓的浴廁廚房都配置在同一個區域，如果要把浴廁改為臥房，對照上下樓的格局來談，勢必會睡在上下兩層鄰居的浴廁之中，而浴廁本來就是潮濕，有給排水管線，長此以往會對居住者的健康有很大的影響。

### What Can I Do

只能改為更衣間或衣帽間。

## ⌂ 關於臥室……

### Q12 鏡子正對床

#### Know-How

臥房設計，床的任何一邊若有鏡子對照著，都是不利於居住者的。因為這塊鏡子使人情緒不安，而且半夜起床時有可能被自己嚇到。

#### What Can I Do

通常梳妝台都會有鏡子，若沒有或是還需要全身鏡的話，在空間夠大的情況下，可以擺放一個立鏡；假使坪數受限，可以把全身鏡隱藏在臥室衣櫃的門板後面。

### Q13 在臥室裡有過大的陽台或落地窗

#### Know-How

有一大片的落地窗往往會帶給人明亮、寬闊的感受，但是帶有落地窗或陽台的臥室，會增加睡眠過程中的能量消耗，居住的人容易疲勞、失眠。

#### What Can I Do

保持房間的明亮確實必須，但落地窗與過大的露台反而沒有安全感，在裝修設計的時候，可以和設計師討論陽台的規劃，但若真的不能改變格局，最簡單的方式就是用實木百葉簾的方式來遮蔽。

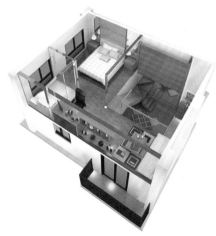

## Q14 床的正上方天花板有吊燈

### Know-How

有一個夢幻的吊燈有時候可以滿足很多人的小小浪漫，視覺上乍看的效果也很不錯。但若躺在床上入睡，會有「吊燈壓床」之感，都被認為是一種煞氣。

### What Can I Do

床上有吊燈除了會有壓迫感，臺灣地震多，就安全層面來說也不夠周全。其實比起吊燈，不妨保持床位正上方的平整，在床邊使用柔和的燈光，採壁燈的方式，實用也不失氣氛。

## Q15 臥床三面靠牆壁

### Know-How

有的時候可能為了要節省空間，讓床鋪的三面都靠牆，一看到這種擺設，就讓人感覺有階下囚的禁錮之感，相當有壓力。況且，財位和好運都被牆壁擋住了，福氣就進不來了。

### What Can I Do

會有這種困擾的通常是指小坪數的房間，那麼就試著讓一個牆面有個透氣窗，不要有緊閉之感。如果不能改變，可以用壁貼的方式，配合三面牆做一系列的貼紙，有一面還能貼上小巧思的假窗戶；或者，從採光上面著手，使用明亮色系的傢俱裝飾，會讓空間看起來更寬敞舒適。

## Q16 床不要貼地面

### Know-How

可能貪圖一時方便,將床墊直接放在
地板上。但臺灣為海島型氣候,濕氣
較重,若床緊貼地面,濕氣容易過重,
會影響到睡眠者的健康。

### What Can I Do

現在有很多床框、床架、床墊組的臥床
組合可供選購,床底下應該要保持整
潔,不要堆放雜物,若真的想利用空
間,也可以使用完整的抽屜收納組合。

## Q17 上下舖睡 part1

### Know-How
最常出現這種狀況就是小孩子的房間，可能因為房間數不足，就把小孩分上下舖睡。雖然節省了空間，但睡上舖的人較靠近天花板而有壓迫感，而睡下舖的人會因為限於上舖的壓迫，就有陽光較不足之虞。

### What Can I Do
我的設計中，可以做出隱藏式的床墊，上面可以是孩子遊戲或討論功課的地方，下面收納的空間就放兩張隱藏式的床墊。又或者一定要上下舖睡，建議在兩處的角落可以設置小層板，放置幾本書或是照片等溫馨小物，加上氣氛燈，避免掉下舖陰暗、上舖壓迫的感受。

## Q18 上下舖睡 part2

### Know-How
除了上述的小孩子的房間數，也有可能出現在小套房，受限於費用的考量。

### What Can I Do
現在有許多的功能床架，上舖是床墊，下方就是大大的空間可以做利用，多半做成小小的書房空間，靠牆的那面可以做成月曆備忘錄，而兩邊可以擺設系統櫃放置書本、文具小物。更新穎的作法，可以結合床與書桌工作，變成吊掛式的衣櫃空間。

## Q19 床的位置背對著門

### Know-How

當我們睡覺的時候，背對著進出口的房門。這樣的睡法，一旦有人開門進出，都要扭轉脖子才能看見後方的狀況，費神費力，且容易有多疑猜忌的個性轉變。

### What Can I Do

這個最簡單的方式就是要改變床的方位，先敲定床的位置之後再來設計其他物件的擺設位置。但是也有可能床的位置經鑑定過而不能變動，這就比較棘手，就需要另開走道，變更房門方向。

## Q20 床上有樑、臥房格局多角

### Know-How

這幾乎是每個裝修改造都要非常注意，而且一定要重視的事情。床的位置上方，不管直的橫的，都不可以有樑壓床，在陽宅學上來說，這是很不吉利的，也會造成睡眠者的壓力，容易失眠、疲憊、生病。

### What Can I Do

床壓樑或是多角形狀的房間都容易形成壓迫，造成產生精神方面的負擔，最簡單的方式依然是變動床鋪的位置，但若受限於空間無法避免，可以在床頭後方加放床頭櫃、床頭板避開，或加上床邊櫃上的一盞吊燈，從配置跟造形雙管齊下，藉此加以破除。臥室以方正格局為主，因此小角落還是修齊為好，作為收納空間。

國家圖書館出版品預行編目 (CIP) 資料

家的對話:好宅設計,美好居家滿分提案/張瑜良作.─初版.─
臺北市:博思智庫,民105.06　面;公分

ISBN 978-986-92988-1-0(平裝)

1. 相宅 2. 室內設計

294.1　　　　　　　　　　　　　　　　105005708

**美好生活 | 20**

# 家的對話 好宅設計，美好居家滿分提案
## Dialogues with HOUSE

作　　者｜張瑜良
攝　　影｜美日設計
行政統籌｜窗　戶
執行編輯｜吳翔逸
專案編輯｜胡　梭
資料協力｜宇　涵、陳瑞玲、廖嘉臻
美術編輯｜蔡雅芬
行銷策劃｜李依芳

發 行 人｜黃輝煌
社　　長｜蕭艷秋
財務顧問｜蕭聰傑
出 版 者｜博思智庫股份有限公司
地　　址｜104 台北市中山區松江路 206 號 14 樓之 4
電　　話｜(02) 25623277
傳　　眞｜(02) 25632892

總 代 理｜聯合發行股份有限公司
電　　話｜(02) 29178022
傳　　眞｜(02) 29156275

印　　製｜永光彩色印刷股份有限公司
第一版第一刷　中華民國 105 年 6 月

ISBN 978-986-92988-1-0
©2016 Broad Think Tank Print in Taiwan

博思智庫股份有限公司

博思智庫粉絲團　Facebook.com/broadthinktank